U-CANの
あそび
ミニ百科
0・1・2歳児

本書の特長

豊富なあそびプランを めやすの時間別に掲載

1章は5〜10分、2章は10〜15分、3章は15分〜と、章ごとに大まかな時間別にあそびを103本紹介しています。

あそびの対象年齢と 種類であそびを探しやすい

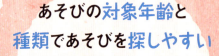

あそびの対象年齢と、「ふれあい」「運動」「季節・自然」「ごっこ・見立て」などの種類をわかりやすく示しています。

手作りおもちゃと発達に合わせた絵本を紹介

子どもの興味を引き出し、あそびの幅を広げるおもちゃ、みんなが笑顔になる絵本を紹介しています。

指導計画にも役立つ情報が盛りだくさん

すべてのあそびには、指導計画の立案の参考になる「ねらい」、子どもにあそびを伝える「ことばかけ」を紹介しています。

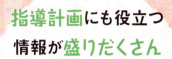

あそびが もっと もっと 広がる
手作りおもちゃ

保育者とのやりとりを楽しむ、手先を細かく動かす、音や形に関心を持つなど、子どもの発達に合わせたおもちゃです。身近な素材で作って、あそびに活用しましょう。

プラカップのガラガラ

プラカップの間に穴を開けた
クリアファイルを挟みます。
移動するビーズなどの
にぎやかな音に、
赤ちゃんも思わず
夢中になります。

ビニールテープでカラフルに。

穴から落ちるところが見えるのも楽しめます。

作り方

- 丸く切ったクリアファイルに穴を開ける
- 切り込みを入れる
- ビー玉とビーズ
- 星形に切ったビニールテープ
- カップどうしを両面テープで貼り合わせ、上から透明テープでとめる
- ビニールテープを巻く
- 両面テープで貼り、上からテープでとめる

材料

プラカップ／クリアファイル／ビーズ／
ビー玉／ビニールテープ／両面テープ／
透明テープ

輪と輪をつなぐと、
引っ張っても
あそべる形に。

先端を結んだ
綿ロープが手に
なります。

二つ折りにした
綿テープやリボン
でタグを作ります。

作り方

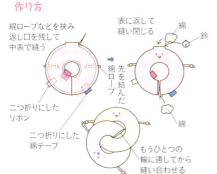

ニッコリ にぎにぎ

やわらかな感触を味わったり、
タグやひもを引っ張ったり、
鈴の音を聞いたり…と
楽しみ方が幅広いおもちゃです。

材料 布／綿ロープ／綿テープ／
リボン／鈴／綿／糸

切り込みから
下の紙皿を出し、
回していきます。

おいしい顔に変身！

型紙 P.156

切り込みを入れた紙皿を重ね、
回転させると絵柄がかわります。
「ニンジン、パクパク」と
やりとりを楽しみましょう。

材料 紙皿／色画用紙／厚紙

作り方

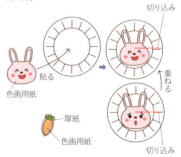

お花畑パペット

軍手にお花やチョウチョウを
つけた、簡単パペットです。
色や数を話題にするなど、
コミュニケーションが広がります。

材料
カラー軍手／フェルト／リボン／糸

型紙 P.157

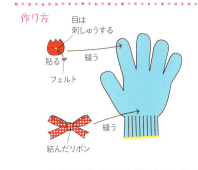
作り方

「チョウチョ、どこかな？」と会話のきっかけに。

指を動かしながら、話しかけます。

形に特徴が あるものを 選びましょう。

反対側

底には、取り出し口を つけておき、繰り返し あそびます。

形合わせボックス

100円ショップの紙箱とブロックや容器などを活用して、同じ形の穴から入れるおもちゃにします。

 材料

紙箱／布／カラー布テープ／
いろいろな形のおもちゃや容器など

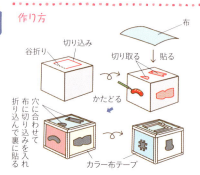

作り方

ヒヨコペッタン！

コロンとしたニワトリとヒヨコを
面ファスナーでつけ外しします。
感触が楽しく、何度も何度も
あそびたくなります。

布／フェルト／面ファスナー／綿／糸

型紙
P.157・158

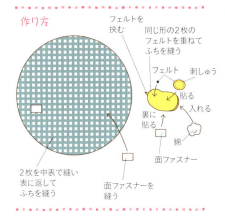

車のボタンはめ

ボタンをタイヤに見立てた
カラフルな車のおもちゃです。
あそびながら、着脱の自立にも
つながります。

材料 フェルト／ボタン／糸

型紙 P.158

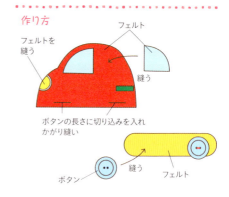

はいはいトンネル

ふんわりしたオーガンジーと
スズランテープがポイントです。
不思議な空間に、思わず中に
はいはいで入ってみたくなります。

材料
フラフープ／バスマット／オーガンジー／
スズランテープ／リボン／カラー布テープ／
結束バンド／糸

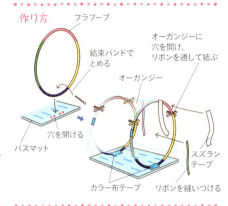

作り方　フラフープ／結束バンドでとめる／穴を開ける／バスマット／オーガンジーに穴を開け、リボンを通して結ぶ／オーガンジー／スズランテープ／カラー布テープ／リボンを縫いつける

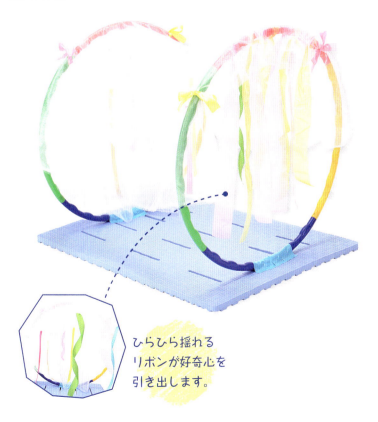

ひらひら揺れる
リボンが好奇心を
引き出します。

動かすと、
中の鈴の音が
聞こえます。

起き上がり こぼし

型紙 P.159

ゆらゆら揺れる起き上がりこぼしは、
ガムテープの芯から作ります。
後ろ姿のしっぽの違いや
鈴の音も楽しめます。

材料 ガムテープの芯／厚紙／
フェルト／鈴／油粘土／
ラップフィルム／布ガムテープ

作り方

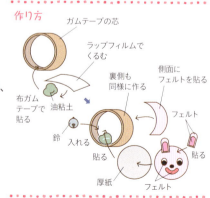

おんぶひも

ごっこあそびグッズとして
大活躍するおんぶひも。
背負うものに合わせて、サイズを
調整できるようになっています。

作り方
- 中表で縫い表に返してふちを縫う
- 綿テープ
- とめる部分と綿テープを挟み返し口を残して中表で縫う
- 表に返す
- 縫う
- 面ファスナーを縫う
- 面ファスナーを縫う

材料 布／綿テープ／面ファスナー／糸

人形などをのせ、下を左右からとめます。

上から肩の左右をとめます。

肩ひもに腕を通しておんぶします。

子どもが夢中になる！
えほん

季節を感じたり、好奇心が広がったり、
みんなで笑い合ったり…。
魅力たっぷりの絵本を紹介します。

「はるかぜさんぽ」 作／江頭路子　講談社

春

サクラにダンゴムシにタンポポ…。春の散歩で目にする世界が描かれています。絵本で再確認すると、ますます散歩が楽しくなります。

「はなびドーン」

作／カズコ　G・ストーン
童心社

夏

「ドーン」「パパパーン」。ワクワクする花火の音と鮮やかな色彩が魅力です。音に合わせて動きをつけるなど、あそびに発展させることもできます。

「どんぐりころちゃん」

作／みなみじゅんこ
アリス館

秋

「♪どんぐりころちゃん あたまはとんがって〜」とわらべうたがもとになっています。散歩でどんぐりを探してみるのもおすすめ。

「やまのおふろやさん」

作・絵／とよたかずひこ
ひさかたチャイルド

冬

見ているだけで温まるほんわか絵本。雪山のお風呂に次々とやってくる動物たち。雪だるまがお風呂に入ると、どうなるかな？

「おたすけこびと」 文／なかがわちひろ　絵／コヨセ・ジュンジ　徳間書店

誕生日

おたすけこびとがクレーン車やブルドーザーなどで、誕生日ケーキを作ります。お祝い気分も高まり、少人数の誕生日会にぴったり。

「みんなでね」

作・絵／まついのりこ
偕成社

園生活

「みんなでね、まんまたべたの。」「みんなでね、さんぽしたの。」に自分と友だちを重ねられます。「みんな」がうれしい絵本です。

「パンツのはきかた」

作／岸田今日子
絵／佐野洋子
福音館書店

着脱

トイレを終えたブタさんがパンツをはくのに挑戦します。子どもたちの自分で着脱してみようという気持ちにつながります。

「おべんとう」 作／小西英子　福音館書店

食育

子どもの大好きなおかずやデザートがお弁当箱に詰められていきます。ままごと道具にお弁当箱を用意すると、あそびが広がります。

「パンどうぞ」

作／彦坂有紀
作／もりといずみ
講談社

食育

パンのふわふわ感が伝わる絵と「どうぞ」の響きがうれしい絵本です。パンが出てくる手あそびと組み合わせると、より楽しめます。

「こちょばこ こちょばこ」

文／中川ひろたか
絵／村上康成
ひかりのくに

ふれあい

動物親子のくすぐりっこに思わず笑顔がこぼれます。「こちょばこ こちょばこ」と手を動かしながら近づくと、子どもも大喜び!

「ぎゅっ」 作・絵／ジェズ・オールバラ　徳間書店

ふれあい

たくさんの動物たちのほのぼのとした「ぎゅっ」が続き、温かな気持ちがあふれます。読み終わったら、ひとりずつに「ぎゅっ」。

「たべたのだあれ」

作／五味太郎
文化出版局

あそび

食べたものが絵に隠れています。ほかの絵とどこが違うかなと集中して探すので、保育者のひざの上でじっくり楽しみたい1冊です。

「ふねなのね」

文／中川ひろたか
絵／100% ORANGE
ブロンズ新社

あそび

箱に入ると、船に変身して出発！ 読んだ後、箱があれば「ふねなのね」を合いことばに絵本と同じ見立てあそびの世界が広がります。

「コッコさんのおみせ」

作・絵／片山 健
福音館書店

あそび

お店やさんごっこを始めたコッコさん。「でまえ」にも行きます。くふうして楽しむ姿が「自分も」とごっこあそびの導入になります。

「まり」 文／谷川俊太郎 絵／広瀬弦 クレヨンハウス

ことば

まりが「ころん」「ひゅーん！」「かっくん」と擬態語だけで進みます。子どもたちも思わずまねをして声に出したくなります。

「あぶくたった」

構成・絵／さいとうしのぶ
ひさかたチャイルド

歌

わらべうた「あぶくたった」の歌詞が、そのまま絵本になっています。次々とやってくる、表情豊かなネズミの家族も人気です。

「ねこのピート だいすきなしろいくつ」

作／エリック・リトウィン
絵／ジェームス・ディーン
訳／大友 剛
文字画／長谷川義史
ひさかたチャイルド

色

「♪しろいくつ かなり さいこう！」と、楽譜つきで歌いながら楽しめる絵本です。白、赤、青…と色に興味を持つきっかけにもなります。

もくじ

本書の特長・・・・・・2

手作りおもちゃ

プラカップのガラガラ・・・・4
ニッコリにぎにぎ・・・・・5
おいしい顔に変身！・・・・6
お花畑パペット・・・・・・7
形合わせボックス・・・・・8
ヒヨコペッタン！・・・・・9
車のボタンはめ・・・・・10
はいはいトンネル・・・・11
起き上がりこぼし・・・・12
おんぶひも・・・・・・・13

子どもが夢中になる！

えほん・・・14

ページの見方・・・・・22
コピー用型紙・・・・・156

あそびプランインデックス

第 1 章 🕐 〔 めやす：5 〜 10 分 〕

		0歳児	1歳児	2歳児	
なでなで こちょこちょ	ふれあい	●			24
指をくるくるポン	ふれあい	●			25
ブブブレロレロ	ふれあい	●	○		26
おうまさんごっこ	ふれあい	●	●		27
いろいろ ばぁ	ふれあい	●	●		28
お手玉、ピョン	ふれあい	●	●		29
穴にポットン	ふれあい	●	●		30
うちわやさん	ふれあい	●	●		31
魔法のじゅうたん	ふれあい	●	●		32
飛行機ブーン	ふれあい	●	●		33
おんぶであそぼう	ふれあい	●	●	○	34
ブランコゆらゆら	ふれあい	●	●	○	35
ねんね ねんね	ふれあい	●	●	○	36
さぁ、どっち？	ふれあい	○	●	●	37
タッチでおはよう	ふれあい		○	●	38
パクパクかいじゅう	ふれあい		○	●	39
ちょちょちあわわ	音楽・リズム	●	●		40
いっぽんばしコチョコチョ	音楽・リズム	●	●	●	42
げんこつやまのたぬきさん	音楽・リズム	○	●	●	44
おはなし	音楽・リズム	○	●	●	46
やきいもグーチーパー	音楽・リズム		○	●	48
おおきなくりのきのしたで	音楽・リズム		○	●	50
ちいさなにわ	音楽・リズム		●	●	52
あたまのうえでパン	音楽・リズム			●	54
おいで おいで	運動	●			56
まてまてあそび	運動	●	○		57
ジャンプのまねっこ	運動	●	●		58
小鳥がパタパタ	運動	●	●	○	59
土あそび	季節・自然	●	●		60

※●はメインで該当するもの、●はサブで該当するあそびプランです。

	季節	0歳児	1歳児	2歳児	
落ち葉のふりかけ	季節・自然	●	●		61
隠れているのは何?	季節・自然		○	●	62
どっちかな棒	季節・自然			●	63
オオバコの草ずもう	季節・自然			●	64

第2章 〔めやす：10～15分〕

		0歳児	1歳児	2歳児	
たかいたかいトン	ふれあい	●	●		66
何がいるかな?	ふれあい	●	●		67
おうまさんパカパカ	ふれあい	●	●	○	68
軍手うさこちゃん	ふれあい	●	●		69
ハンカチバナナ	ふれあい		●		70
みんなでたいこ	ふれあい		○		71
ころりんたまご	音楽・リズム		○		72
おべんとうばこのうた	音楽・リズム		○		74
パンダうさぎコアラ	音楽・リズム		○		76
はじまるよ はじまるよ	音楽・リズム			●	79
いっぽんばし にほんばし	音楽・リズム			●	82
やまごやいっけん	音楽・リズム			●	84
キャベツのなかから	音楽・リズム			●	86
お山を越えて	運動	●	●	○	88
いろいろボール	運動	●	●	●	89
ビーチアタック!	運動		○	●	90
水との鬼ごっこ	季節・自然		●	○	91
落ち葉シャワー	季節・自然		●		92
車で出発!	ごっこ・見立て	●	●		93
お風呂ごっこ	ごっこ・見立て	●	●		94
お洗濯日和!	ごっこ・見立て		○		95
何が飛んだかな?	クイズ			●	96

第3章 〔めやす：15分〜〕

タイトル	カテゴリ	0歳児	1歳児	2歳児	ページ
おしゃべり人形	ふれあい	●	●	●	98
大きなお弁当	ふれあい		◐	●	99
おせんべ食べたいな	ふれあい			●	100
あいさつでお友だち	ふれあい			●	101
カラスのおうち	ふれあい			●	102
ぐるぐるポーズ	ふれあい			●	103
やってきた やってきた	ふれあい			●	104
カレーライスのうた	音楽・リズム		◐	●	105
パンやさんにおかいもの	音楽・リズム		◐	●	108
グーチョキパーでなにつくろう	音楽・リズム		◐	●	110
あなたのおなまえは	音楽・リズム			●	112
やおやのおみせ	音楽・リズム			●	114
いわしのひらき	音楽・リズム			●	116
おにのパンツ	音楽・リズム			●	119
シーツであそぼ	運動	●	●		122
ニョロニョロヘビ	運動		●	●	123
お星様と歩こう！	運動		◐	●	124
ボールのお散歩	運動		◐	●	125
トンネルくぐって	運動		◐	●	126
マットであそぼ	運動		◐	●	127
飛んでけ ロケット	運動		◐	●	128
玉入れ追いかけっこ	運動		◐	●	129
ねらって 転がせ！	運動			●	130
ぺったんこ ぺったんこ	運動			●	131
新聞紙をパンチ	運動			●	132
ビーチボールの散歩	運動			●	133
アスレチック	運動			●	134
はらぺこクマさん	ゲーム		●	●	135
天気は、なーに？	ゲーム			●	136
手作りボウリング	ゲーム			●	137
シール貼り	製作	◐	●	●	138

		0歳児	1歳児	2歳児	
ふわふわバルーン	製作		●	●	139
はらぺこかいじゅう	製作		○	●	140
積み上げブロック	製作		○	●	141
キラキラボトル	製作			●	142
色のぞき	製作			●	143
透明素材に描こう	製作			●	144
ダンゴムシ探検隊	季節・自然		○	●	145
雨降りごっこ	季節・自然		○	●	146
水あそびグッズ	季節・自然		○	●	147
秋の音マラカス	季節・自然		○	●	148
ワニさんごっこ	季節・自然			●	149
おばけごっこ	ごっこ・見立て		●	●	150
電車でゴー！	ごっこ・見立て		●	●	151
まねっこ一本橋	ごっこ・見立て			●	152
大好き！ 遊園地	ごっこ・見立て			●	153
洗濯ごっこ	ごっこ・見立て			●	154
ネコになろう	ごっこ・見立て			●	155

ページの見方

対象年齢
あそびの対象年齢を示しています。●はメインの年齢、●はサブの年齢です。

用意するもの
あそびのための準備物を示しています。

種類
「ふれあい」「音楽・リズム」「運動」「季節・自然」など、大まかなあそびの種類です。

ねらい
あそびを通して育てたいこと、子どもが経験したいことです。指導計画にも役立ちます。

ことばかけ
どんなあそびをするか伝え、子どもの興味を引き出すことばの一例です。

楽譜
手あそびには、取り組みやすいよう楽譜がついています。

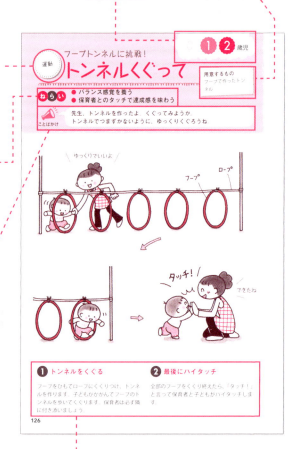

あそび方
あそびの手順をわかりやすいイラストつきで紹介しています。

第 1 章

個々の発達段階や生活リズムに合わせ
すぐにできるちょこっとあそびで
スキンシップを楽しみましょう。

ふれあい スキンシップが楽しい！
なでなで こちょこちょ

0 1・2 歳児

ねらい
- 保育者との信頼関係を深める
- リラックスする

ことばかけ
けいちゃん、おはよう！　きょうもニコニコだね。
なでなでしてみようかな？　触ってもいい？

❶ 頭からつま先までなでる

保育者が「なでなで」と言いながら、手のひらで頭からつま先までなでます。

❷ 胸から手首までなでる

同じように、胸から手首までなでます。目と目を合わせながら行いましょう。

❸ 足先から上へと

保育者が「階段のぼって」と言いながら、ひとさし指と中指で足先から上へのぼります。

❹ 脇の下をくすぐる

「こちょこちょ」と言いながら、脇の下をくすぐります。

0 1 2 歳児

ふれあい
どの指を触ってるかな？
指をくるくるポン

ねらい
- スキンシップを楽しむ
- 指の部位に気づく

ことばかけ
指を「くるくるポン」ってしてみようか？
今から足の指や手の指を順番に触っていくよー。

❶ 足の指を　くるくるポン

保育者が子どもの足首を軽く持ち、親指から順に行います。「くるくる」と言いながら、親指とひとさし指でつまんだり、もみほぐしたりします。「ポン」で軽く引っ張ります。

❷ 手の指を　くるくるポン

保育者が子どもの手の甲を上にして持ち、親指から順に行います。「くるくる」と言いながら、親指とひとさし指で子どもの指をつまんだり、もみほぐしたりします。「ポン」で軽く引っ張ります。

0 1 2 歳児

ふれあい まねっこしてみよう
ブブブレロレロ

ねらい
- 保育者とのやりとりを楽しむ
- 口や舌を動かしてあそぶ

ことばかけ
先生の口を、よーく見て、まねっこしてみてね。
（くちびるを震わせて）ブブブ…、できるかな？

❶ くちびるを震わせる

保育者と子どもが向かい合います。保育者がくちびるを合わせて、「ブブブ」と震わせ、子どもがまねをします。

❷ 舌を動かす

保育者が舌を上下に動かしながら、「レロレロ」とゆっくり言い、子どもがまねをします。

❸ 息を吹きかける

保育者が「風が来たね」と言いながら、子どものおでこに優しく息を吹きかけます。

歳児

歌いながらあそぼう

ふれあい

おうまさんごっこ

- スキンシップを楽しむ
- 手や足に力をつける

先生は、おうまさんになりますよ。
ゆうちゃん、おうまさんにのってください。ヒヒーン！

1 保育者の背中にまたがる

保育者ははいはいの姿勢になり、子どもが背中にまたがります。

2 はいはいで動き回る

『おうま』を歌いながら、はいはいで動き回ります。子どものようすを見ながら行いましょう。

3 保育者とやりとりする

子どもが背中から下りたら、「ニンジンくださいな」などとことばをかけます。子どもが保育者にニンジンをあげたり、保育者が食べるまねをしたりなど、やりとりをします。

どこに隠れているかな？
いろいろ ばぁ

ふれあい

0　1　2 歳児

用意するもの
ぬいぐるみや車などのおもちゃ／ハンカチなどの布

ねらい
- 保育者や場所に慣れる
- 気分転換のきっかけにする

ことばかけ
どーこかな？　どーこかな？　いないよ、いないよ…。
（保育者の姿やおもちゃを見せて）ばぁ！　いたねー！

❶ カーテンの後ろから

保育者がカーテンの後ろなどに隠れ、「いないいない」と言います。「ばぁ」と言いながら、姿を見せます。

❷ 棚の後ろから

保育者が棚の後ろなどにぬいぐるみを持って隠れ、「いないいない」と言います。「ばぁ」と言いながら、ぬいぐるみといっしょに出ます。

❸ 布で隠して

車などのおもちゃを布で隠し、「いないいない」と言います。「ばぁ」と言いながら、布を持ち上げます。

お手玉をきっかけにやりとり
お手玉、ピョン

ふれあい

0・1・2歳児

用意するもの
お手玉

● 保育者とのスキンシップを図る
● お手玉の動きを楽しむ

ねらい

ことばかけ
お手玉ちゃんが、ピョンピョン跳ねるよ。
ピョンピョン、どこへ行くのかな？

お手玉ちゃんが
ピョンピョン

❶ お手玉を動かしながら

お手玉をつまんで、「お手玉ちゃんが ピョン」と言いながら、軽く跳ねさせるように動かします。

ピョン！

❷ お手玉を頭の上にのせる

❶を何度か繰り返してあそんだ後、「ピョン」と言いながら、お手玉を子どもの頭の上にのせます。

じょうずに
落とせたね

❸ お手玉を落としたらキャッチする

子どもがうなずいたり、頭を動かしたりしてお手玉が落ちたら、保育者がキャッチします。

手先の細かな動きを経験する
ふれあい 穴にポットン

用意するもの
プラスチック容器のふたに穴を開けたもの／細長いプラスチック容器／お手玉／洗濯ばさみ／プラスチックチェーン

- 目と手の協応運動を促す
- 集中してあそぶ

ことばかけ
（入れるものに合わせて）洗濯ばさみ、入るかな？
穴をよーく、見てみようね。

① 穴を開けた容器に入れる

プラスチック容器のふたに丸や長方形の穴を開けたもの（長方形の穴は、入れる向きに影響するので難易度が高くなります）を用意します。お手玉や洗濯ばさみを穴から入れます。

② 細長い容器に入れる

細長いプラスチック容器（パスタ保存用など）の口に、立ったままでプラスチックチェーンを入れてあそびます。チェーンが引き込まれるような感覚を楽しめます。

リクエストに応じよう

うちわやさん

0 1 2 歳児

用意するもの
うちわ

 ● 風が当たる感覚を味わう
● 保育者とのやりとりを楽しむ

 風が吹いてきますよー。いいですか？
（子どもが興味を示したら）もう1回、やってみる？

❶ うちわで風を送る

保育者と子どもが向かい合って座ります。子どもとの距離に注意し、うちわであおぎます。

❷ あおぐのをやめる

最初はごく短時間だけあおぎ、うちわをとめます。子どもが興味を示しているか、いやがっていないかなど、ようすを確かめます。

❸ 風に強弱をつける

うちわの風に慣れてきたら、「こんどは大風だよ」と強めにあおぐなど、風に強弱をつけてあそびましょう。

歳児

発達に合わせたスタイルで
ふれあい 魔法のじゅうたん

用意するもの
バスタオル

- ふれあいを楽しむ
- イメージを共有してあそぶ

魔法のじゅうたんにのってみる？
魔法のじゅうたんは、ビューンって動くんだよ。

1 バスタオルにのる

保育者が床にバスタオルを広げ、子どもが上に腹ばいでのります。

2 バスタオルを引っ張る

「出発しますよ！」と言いながら、バスタオルをそっと引っ張ります。動き始めは、バランスをくずしやすいので注意しましょう。

3 はいはいでのる

子どもの発達に合わせて、腹ばいではなくはいはいでもあそべます。

ふれあい 上下の動きを楽しんで
飛行機ブーン

ねらい
- バランス感覚を養う
- 体幹を育てる

ことばかけ
飛行機にのりますよ！ 準備はいいですか？
だんだん上がっていきます。ビューン！

❶ 保育者の足の上にのる

あお向けになった保育者がひざを曲げて足を立て、足の上に子どもをのせます。

❷ 子どもを上げる

足の上にのせた子どもの両脇を両手で支えます。足を動かして、子どもを持ち上げます。

❸ 子どもを下げる

足を動かし、子どもを下ろします。子どものようすを見ながら、上下に動かしてあそびます。

子どもの大好きなおんぶ
おんぶであそぼう

ふれあい

ねらい
- スキンシップを楽しむ
- 腕や足の力がつく

ことばかけ
りょうちゃん、おんぶする？
ギューッとつかまっててね。いろんなおんぶをするよ。

① おんぶをして動く

保育者が子どもをおんぶして動きます。『おうま』などリズミカルな歌を歌っても楽しめます。

② 前かがみでおんぶ

保育者は子どものおしりを押さえながら、少し前かがみになっておんぶをします。子どもにしっかりつかまるよう声をかけましょう。

③ おんぶでジャンプ

保育者は子どもをおんぶしながら、小さくジャンプをして動きます。

ふれあい いろいろな動きを経験する
ブランコゆらゆら

0 1 2 歳児

ねらい
- 揺れたり回転したりする動きを楽しむ
- スキンシップを楽しむ

ことばかけ
れいちゃん、ブランコにのってみますか？
ゆらゆら揺れたり、くるっと回ったりしますよ。

1 子どもの体を持つ

子どもの両脇から保育者が手を差し込み、子どもの体の前で左右の手を合わせます。

2 子どもと左右に揺れる

子どもを持ち上げ、左右にゆっくりと揺らします。歌を歌いながら揺らしても楽しめます。

3 子どもと回転する

子どもを持ち上げたまま、くるりと1回転します。

35

保育者のまねっこあそび
ふれあい ねんね ねんね

用意するもの
ぬいぐるみ／ハンカチなどの布

- 保育者のまねをする
- 見立てることを楽しむ

（ぬいぐるみに合わせて）うさちゃん、眠い眠いだって。
ねんねしようかぁ、うさちゃん。

❶ ぬいぐるみに布をかける
保育者はぬいぐるみが眠たくなっていると話し、ふとんに見立てた布をぬいぐるみにかけます。

❷ 寝かしつけるまねをする
保育者は布の上から優しくトントンとたたき、ぬいぐるみを寝かしつけます。

❸ 子どもが寝かしつける
子どもが保育者のまねをして、ぬいぐるみを寝かしつけます。

❹ 子どもが寝るまねをしても
あそびを発展させて、子ども自身が寝るまねをしてあそんでも楽しめます。

ふれあい 集中させたいときにぴったり
さぁ、どっち？

用意するもの
おはじきやペットボトルのふたなど手に隠すもの

- 保育者とのやりとりを楽しむ
- 当たり外れを知る

これは何かな？（子どもの反応を待ってから）
このおはじきを手で隠して…どっちに入っているかな？

❶ 子どもに尋ねながら

「どっちかなー？　わかるかなー？」と言いながら、上下に合わせた両手の中におはじきなど小さいものをひとつ入れて、上下に振ります。

❷ 片方の手におはじきを隠す

片方の手におはじきを移したら、両手を握って前に出し、どちらの手におはじきが入っているか尋ねます。

❸ 両手を広げて答えを明かす

子どもが答えたら、両手を広げて答えを明かします。

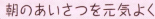

朝のあいさつを元気よく

ふれあい
タッチでおはよう

0 1 2 歳児

ねらい
- 入園、進級時に保育者と仲よくなる
- あいさつを楽しみ、朝の緊張をほぐす

ことばかけ
おはよう、めいちゃん。お手て届くかな？ タッチ！
（タッチをしたら）いい音が出たね。

1 向かい合ってタッチ

保育者が「おはよう」と言いながら、手を子どもの手の届く位置に出します。子どもと保育者が「タッチ」と言いながら手を合わせます。

2 いろいろなタッチ

今度は、子どもがかがんだり、ジャンプをしないと手が届かない位置に手の位置をかえながら、連続してタッチします。

3 互いに決めポーズ

タッチの後に、親指を立てて「イエーイ！ グー！」と言い合います。

0 1 2 歳児

ふれあい 食べる意欲を引き出す
パクパクかいじゅう

ねらい
- 変身することを楽しむ
- 何でも食べようとする意欲を持つ

ことばかけ
いっしょにパクパクかいじゅうに変身しましょう。
(怖がる子には) 優しいかいじゅうだから、怖くないよ。

パクパクかいじゅうは
何でも食べるので
いつも元気いっぱいです

❶ 保育者がやって見せる

保育者が親指とほかの4本の指をつけたり離したりして、「パクパクかいじゅうは、何でも食べるのでいつも元気いっぱいです」と話しかけます。

ニンジンは？
リンゴは？

❷ 子どもたちもパクパク

保育者が「ニンジンは？」とたずねたら、子どもたちも同じように手を動かして、「パクパク」と言います。続けて「リンゴは？」など、たずねます。

かっこいいね　では いただきます

❸ 「いただきます」の あいさつへ

保育者が「パクパクかいじゅう、かっこいいね」と言い、みんなで「いただきます」をします。給食やお弁当を楽しく食べましょう。

歳児

音楽・リズム

向かい合ってまねしながら
ちょちちょちあわわ

ねらい
- まねをすることを楽しむ
- 体の部位を知る

ことばかけ
ちょちちょち（手をたたきながら）してあそぼうか？
（子どもが手をたたいたら）ちょちちょちがじょうずだねー！

❶

♪ **ちょちちょち**

手を2回たたきます。

❷

♪ **あわわ**

片方の手のひらを口元に当て、3回軽くたたきます。

❸

♪ **かいぐり　かいぐり**

両手をグーにして、ぐるぐる回します。

❹

♪ **とっとのめ**

両手のひとさし指で目のふちを軽く触ります。

❺

♪ **おつむてんてん**

両方の手のひらで頭を軽くたたきます。

❻

♪ **ひじぽんぽん**

片方のひじを、もう片方の手のひらで軽く2回たたきます。

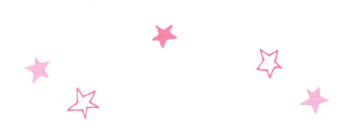

わらべうた

ちょち ちょち あわわ かいぐりかいぐり
とっ とのめ おつ むてんてん ひじぽんぽん

音楽・リズム

こちょこちょでスキンシップ

いっぽんばしコチョコチョ

ねらい
- 保育者に親しみを感じる
- スキンシップを楽しむ

ことばかけ
お手て見せてくれる？ とってもかわいい手だね。
「いっぽんばし」してあそぼうか？

❶

♪ **いっぽんばし**

子どもの手のひらを、ひとさし指でなでます。

❷

♪ **コチョコチョ**

手のひらをくすぐります。

❸

♪ **たたいて**

手のひらを軽くタッチします。

❹

♪ **つねって**

手のひらを軽くつねります。

❺

♪「かいだんのぼって

ひとさし指と中指を交互に動かし、子どもの腕をのぼります。

❻

♪ コチョコチョコチョ」

子どもの脇やおなかをくすぐります。

歌とふりつけを楽しもう

げんこつやまのたぬきさん

ねらい
- まねをすることを楽しむ
- 友だちといっしょにあそぶ

ことばかけ
お手てをグーにできるかな？ （グーにしたら）じょうずだね。
タヌキさんって、おなかがポンポコ大きいんだよね。

❶

♪ **げんこつやまの　たぬきさん**

両手をグーにして、上下を交互に入れ替えながら7回たたきます。

❷

♪ **おっぱいのんで**

両手を口に当てて、おっぱいを飲むしぐさをします。

❸

♪ **ねんねして**

両手を合わせて片方のほおに当て、体を傾けます。

❹

♪ **だっこして**

体の前で抱っこのしぐさをします。

♪ **おんぶして**

両手を背中に回して、おんぶのしぐさをします。

♪ **またあし**

両手をグーにして体の前で回します。

♪ **た**

じゃんけんをします（小さい子は、じゃんけんまでの歌とふりを楽しみます）。

 絵本や紙芝居の導入に
おはなし

- 話が始まることへの期待感を持つ
- 話を聞く心の準備をする

ことばかけ

今からみんなが大好きな「○○（絵本や紙芝居のタイトル）」のお話を始めますよ。お座りできるかな。

❶

♪ おはなし　おはなし

腕を組んで、体を左右に揺らします。

❷

♪ パチパチパチパチ

手を4回たたきます。

❸

♪ うれしい　はなし
　 たのしい　はなし

腕を組んで、体を左右に揺らします。

❹

♪ しっしっ　しっしっ

ひとさし指を立てて、口に当てます。

♪ **しずかにききましょう**

両手をひざの上に置きます。

作詞／谷口和子　作曲／渡辺　茂

お は な し　お は な し　パ チ パ チ

パ チ パ チ　う れ し い は な し

た の し い は な し　しっ しっ しっ しっ

し ず か に　き き ま しょ う

音楽・リズム	おいもを想像しながら

やきいもグーチーパー

0 **1** **2** 歳児

ねらい
- グーチョキパーの形を覚える
- いもほりへの期待感を高める

ことばかけ　焼きいも食べたことある？　おいもを割ると、湯気が出てきて黄色いおいもがとってもおいしそうだよね。

---

❶

♪ **やきいも　やきいも　おなかが**

手を6回たたきます。

❷

♪ **グー**

両手をグーにして、おなかを押さえます。

❸

♪ **ほかほか　ほかほか　あちちの**

両方の手のひらを上に向けて軽く広げ、イモを転がすように左右交互に上下に動かします。

❹

♪ **チー**

両手をチョキにして胸の前に出します。

❺

♪ **たべたらなくなる　なんにも**

両手でイモを持って食べるしぐさをします。

❻

♪ **パー　それ**

両手をパーにして胸の前に出します。

❼
♪ やきいも まとめて

手を4回たたきます。

❽
♪ グーチーパー

グー、チョキ、パーを❷・❹・❻の形で順番に出します。

大きく動かすと楽しさアップ
おおきなくりのきのしたで

- 歌を通して秋を感じる
- 腕を動かすことを楽しむ

ことばかけ
『おおきなくりのきのしたで』のお歌を知っているかな？
先生が歌うので、知っているお友だちはいっしょに歌ってね。

---

❶

♪ おおきな

両手を広げて上に上げます。

❷

♪ くりの

頭の上で両手の先を合わせ、クリの形を作ります。

❸

♪ きの

両手を頭に置きます。

❹

♪ した

両手を肩に置きます。

❺

♪ で

両手を体の横に下ろします。

❻

♪ あなたと

相手をひとさし指で指さします。

❼

♪ **わたし**

自分をひとさし指で指さします。

❽

♪ **なかよく**

右手を左肩に、左手を右肩に順に当てます。

❾

♪ **あそびましょう**

そのまま体を左右に揺らします。

❿ ♪ **おおきなくりの きのしたで**

❶～❺と同様にします。

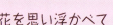

0 1 **2** 歳児

 成長する花を思い浮かべて
ちいさなにわ

- 植物の成長過程に関心を持つ
- 芽の伸び方などの表現を楽しむ

みんなは種をまいたことありますか？ それはどんな種だった？
水をあげて肥料をあげると、どんどん大きくなるよ。

♪ **ちいさな にわを**

胸の前に、両手のひとさし指で四角を描きます。

♪ **よく たがやして**

両方のひとさし指を軽く曲げ、胸の前で左から右、右から左へ動かします。

♪ **ちいさな たねを**

片手を上に向け、もう片方の手はひとさし指と親指で種をつまむしぐさをします。

♪ **まきました**

つまんだ種をまくしぐさをします。

♪ **ぐんぐん のびて**

両手を合わせてくねくねさせながら、腕を上に伸ばしていきます。

♪ **はるに なって**

上げた両手を大きく広げ、ひらひらさせながら下ろします。

❼

♪ **ちいさな はなが**

胸の前で、両手のひとさし指を4回軽く打ち合わせます。

❽

♪ **さきました**

両手を合わせて少しふくらませ、つぼみに見立てます。

❾

♪ **「ポッ!」**

両手を小さく開きます。

音楽・リズム

息を合わせて手をたたこう
あたまのうえでパン

0 1 **2** 歳児

ねらい
- 体の部位や前、後ろについて知る
- リズムを合わせることを楽しむ

ことばかけ
頭の上で手をパンッてたたけるかな？
(子どもがたたいたら) とってもいい音がしたね。

❶

♪ あたまのうえでパン

「あたまのうえで」は歌のみで、「パン」のときに、頭の上で手を1回たたきます。
❷～❹も同様にします。

❷

♪ おかおのよこでパン

顔の横で手を1回たたきます。

❸

♪ おへそのまえでパン

おへその前で手を1回たたきます。

❹

♪ おしりのうしろでパン

おしりの後ろで手を1回たたきます。

❺

♪ パンパンパンパン〜
　パパンパン　パンパン

リズムに合わせて手をたたきます。

❻

♪ 「イエーイ」

ピースをします。

(運動) はいはいへの意欲を促す
おいで おいで

用意するもの
ぬいぐるみ／やわらかいボール／色水やビーズを入れたペットボトル

- はいはいの動きを促す
- 動く意欲を育てる

 （ぬいぐるみを見せながら）ウサギさんが呼んでるよー。
おいで！　おいで！　おいでー！

❶ ぬいぐるみで動きを促す

うつぶせになっている子どもの前で、保育者はぬいぐるみを上下に動かし、はいはいを誘います。

❷ ボールで動きを促す

うつぶせになっている子どもの横にくるよう、保育者はボールを転がし、はいはいを誘います。

❸ ペットボトルで動きを促す

ペットボトルに色水やビーズを入れ、ふたを接着剤でとめたものを用意します。子どもから少し離れたところまで転がし、はいはいを誘います。

0 1 2 歳児

運動 — 子どもの反応を見ながら
まてまてあそび

ねらい
- 足腰の力を養う
- 保育者とのやりとりを楽しむ

ことばかけ
あれあれ、りんちゃんを見つけたよー！
まて、まて、まて…。速いなー！　まってー！

1 保育者が追いかける

はいはいをしている子どもを保育者もはいはいで追いかけます。床を手でたたきながら追いかける動きをすると盛り上がります。

2 子どもが逃げる

子どもがはいはいで保育者から逃げます。保育者を振り返って見たりするので、保育者は子どもの反応を見ながら追いかけましょう。

捕まえたー！

3 捕まえてくすぐる

何回か追いかけたり逃げたりを繰り返したら、「捕まえたー！」と言って抱っこし、くすぐります。

歳児

運動 動物になりきってジャンプ
ジャンプのまねっこ

ねらい
- 体を動かすことを楽しむ
- 動物をイメージしながらあそぶ

今からウサギさんになるよ。お手てをピンと伸ばしてね。
ピョン、ピョン、ピョン！

❶ ウサギになってジャンプ

保育者は「ピョン、ピョン」と言いながら、両腕を上に伸ばし、その場でジャンプします。子どもは、保育者のまねをします。

❷ 座ったままでも

まだ立てない子どもは、座った状態のままで体を上下に動かして楽しみます。

0 1 2 歳児

運動 | 自由に動いて楽しもう

小鳥がパタパタ

ねらい
- 体を動かすことを楽しむ
- イメージして動く経験をする

ことばかけ
いっしょにあそぼうって、小鳥さんが来たよ。
みんなも小鳥さんになって、あそんでみよう!

1 小鳥のまねで動き回る

両手を広げて上下にパタパタと鳥の羽のように動かしながら、自由に動き回ります。

2 保育者が巣の役になる

保育者が巣の役になり「小鳥さんのお家だよ」と両手を広げて立ちます。子どもは巣に帰るなどしてあそびます。

59

季節・自然

土や砂の感触が楽しい！
土あそび

用意するもの
プリンなどの容器

● 土の感触を味わう
● 植物に関心を持つ

先生がこれから土でお団子やプリンを作るよ。
上にのせるお花や葉っぱを持ってきてくれるかな？

❶ 保育者がお団子を作る

保育者が土を丸めてお団子を作り、タンポポやシロツメクサなどを飾ります。

❷ 子どもがお団子を触る

保育者が「はい、どうぞ」と言い、子どもは土のお団子を触ったりたたいたりします。

❸ 保育者がプリンを作る

保育者が容器に土を詰めてひっくり返し、土のプリンを作ります。植物で飾りつけをします。

❹ 子どもがプリンを触る

❷と同様に、土のプリンに触ります。触っているうちに壊れることもありますが、壊すことでしだいに作ることへの興味が出てきます。

（季節・自然）

秋の自然を感じよう

落ち葉のふりかけ

0 1 2 歳児

用意するもの
ままこと用の器

ねらい
- 落ち葉に興味を持つ
- 音への関心を育む

ことばかけ
ほら、茶色の葉っぱがあるね。よく見てごらん。
もみもみしてみるよ。（手でもみながら）なんか音がするね。

❶ 手で落ち葉をもんで細かくする

保育者が子どもに落ち葉を見せてから、両手を合わせた中に落ち葉を入れてもみます。カサカサという音に耳を澄ませてみましょう。

❷ 細かくなった落ち葉を見る

保育者は両手を広げ、細かくなった落ち葉を子どもに見せます。

❸ ふりかけに見立ててあそぶ

あそびを発展させて、ままごとに取り入れても楽しめます。容器に入れた砂などをご飯に見立て、ふりかけのつもりで落ち葉をかけてあそびます。

| 季節・自然 | 生きものや草花に興味を持つ |

隠れているのは何？

0 **1** **2** 歳児

用意するもの
石のペープサート／虫や草花のペープサート

 ● 虫などの生きものに興味を持つ
● クイズを楽しむ

ことばかけ これは、何だろうね？ （子どもが答えたら）そう、石です。この石の向こうには何か隠れてるよ、当ててくれる？

❶ 石のペープサートを出す

散歩に出かける前に虫や草花の当てっこであそびます。石のペープサートを出します。

❷ 石の後ろから虫や草花を見せる

子どもに問いかけながら虫や草花のペープサートを少しずつ見せます。「庭にいるよ」「きのうの散歩で見たよ」など、ヒントを出してもよいでしょう。

❸ 虫や草花のペープサートを出す

正解が出たら虫や草花のペープサートを出します。ペープサートは、チョウチョウやダンゴムシ、タンポポなど、散歩で目にするものを作りましょう。

季節・自然

散歩がとっても楽しくなる
どっちかな棒

用意するもの
枝などの棒

- 散歩を楽しむ
- 散歩で目にする自然物に興味を持つ

きょうの散歩は、この棒が倒れるほうへ進みます。どっちに倒れるかしらねー？

❶ 棒を立てる

道が分かれている場所や広い場所で、棒の先に手を当てて地面に立てます。「どっちかな？」と言いながら棒から手を離します。

❷ 棒が倒れた方向に進む

棒が倒れた方向を指さし「こっちだね！」と言い、そちらに進んでいきます。

❸ 子どもが棒を持つ

慣れてきたら子どもが棒を持って同じように行います。ほかの子に当ててしまわないように、子どもには扱いやすい短い棒を渡しましょう。

季節・自然	草ですもうをとろう

オオバコの草ずもう

ねらい
- 草花に興味・関心を持つ
- 勝敗を楽しむ

ことばかけ
オオバコですもうがとれるよ。
友だちの茎とからませて両手で持って引っ張ってごらん。

1 オオバコを摘む

ひとり１本ずつ、オオバコの茎を長めに摘んできます。

2 茎を引っ張る

相手のオオバコと交差させて両手で持ったら「はっけよい、のこった」の合図で互いに茎を引っ張ります。切れなかった茎の人の勝ちです。

第 2 章

もっとあそびたい気持ちに応えて、
少しずつ長い時間であそんでみましょう。
保育者や友だちとの関係も深まります。

0 **1** 2 歳児

ふれあい 上下の動きを体験しよう
たかいたかいトン

ねらい
- 足で体を支える力を養う
- ひざの動かし方を意識する

ことばかけ
先生のひざの上に、のってみる？　おいでー。
あんよの力が強いね。ジャンプ、ジャンプしてみよう！

❶ 足を曲げ伸ばしする
保育者の足の上に子どもを立たせ、両脇の下を支えます。子どもは足を曲げ伸ばしし、ジャンプをするような動きをします。

❷ 子どもを持ち上げる
保育者は「たかいたかい」と言いながら、子どもを保育者と視線が合うぐらいの高さまで持ち上げます。

❸ 子どもを下ろす
保育者は「トン」と言いながら、子どもを足の上に下ろします。

歳児

 ふれあい やりとりを楽しんで
何がいるかな？

用意するもの
動物の絵を入れた容器（ふたのある箱やびん、缶など）

- 保育者とのやりとりを楽しむ
- 動物に興味を持つ

 ことばかけ
先生がふたを開けてみるよ。だれが出てくるかな？
よーく見ててね。いないいないー、ばぁ！

① 容器を用意する

動物の絵を中に入れたふたつきの容器を用意します。動物は、ウサギやクマなど認識しやすいものがよいでしょう。

② 保育者がふたを開ける

保育者が「いないいない」と言いながら、容器のふたを開けます。

③ 動物の絵を見る

「ばぁ」と言って中にある動物の絵を取り出して見せます。「クマさんがいたね」などとやりとりをします。

スキンシップを楽しもう
おうまさんパカパカ

ふれあい

ねらい
- 体の揺れを楽しむ
- 保育者とのスキンシップを図る

ことばかけ
おうまさんやる？
先生の足の上にのって、パカパカしようね。

❶ 子どもをひざにのせる

保育者が足を伸ばして座り、子どもをひざの上にのせます。「おうまさん、パカパカ」と言いながら、軽くひざを上下に揺らします。

❷ リクエストに応じる

動きに慣れてきたら、「もう1回？」とひとさし指を出して尋ねます。子どももまねをしてひとさし指を出してリクエストしたら、繰り返しあそびます。

❸ 足の間に子どもを落とす

何回か繰り返したら、「パカパカ、ドッシーン」と言って、足を開き、その間に子どもを軽く落とします。

人形を使って会話を広げる
ふれあい 軍手うさこちゃん

用意するもの
軍手の人形

ねらい
- 保育者とのやりとりを楽しむ
- イメージを膨らませる

ことばかけ
きょうは、お友だちがあそびに来てくれたよ。
うさこちゃーんって呼んでみてくれる？

1 軍手で人形を作る

軍手を用意し、上図のようにウサギの人形を作ります。

2 人形を使ってあいさつ

保育者が人形を手にはめて動かしながら、「私、うさこよ！　みんな仲よくしてね」などと言って、子どもたちに話しかけます。続けて、子どもたちとの会話を楽しみましょう。

ハンカチバナナ

ハンカチ1枚であそべる ふれあい

0 **1** **2** 歳児

用意するもの
ハンカチ

● 想像を膨らませる
● 保育者とのやりとりを楽しむ

ここにハンカチがあります。
このハンカチをおかあさん指にかけるよ！　よーく見ててね。

❶ ハンカチに注目を集める

保育者は子どもたちに「何ができるかな？」と問いかけながら、ハンカチをかけたひとさし指を見せます。

❷ ハンカチでバナナを作る

ハンカチの四隅を持ち上げ、根元を握ります。答えを考えたり、「バナナ！」と答える子どもが出てきます。

❸ バナナであそぶ

バナナの皮をむくように四隅を下ろしながら、「はい、どうぞ」と子どもたちに向けて差し出します。

ふれあい 手をつなぎ一体感を味わう
みんなでたいこ

0 **1** **2** 歳児

ねらい
- 友だちとの仲間意識を強める
- 大きい、小さいを体で理解する

ことばかけ
お友だちの手は優しく握って、元気に歌ってね。
歌詞の大きい、小さいに合わせて、声も大きく、小さくするよ。

❶「大きな」は大きく表現

みんなで手をつないで輪を作ります。『大きなたいこ』を歌い、歌詞に合わせて、「大きな」のところは輪を広げます。「ドーンドーン」の音を表すところは、大きくジャンプします。

❷「小さな」は小さく表現

「小さな」のところは小さく輪を縮めます。「トントントン」は、小さく足踏みをして音を表します。歌詞に合わせて大小を表現しましょう。

まねっこを楽しんで
ころりんたまご

0 **1** **2** 歳児

音楽・リズム

ねらい
- ヒヨコやニワトリのまねを楽しむ
- 卵→ヒヨコ→ニワトリの成長過程を知る

ことばかけ
手をグーにできるかな？ ぐるぐる回してみよう。
卵の中からヒヨコさんが出てくるよ。

❶
[1番]
♪ ころりんたまごが

両手をグーにして、胸の前でぐるぐる回します。

❷
♪ おりこうで

左手をグーにし卵に見立て、右手はパーにし左手をなでるようにします。

❸
♪ ころりんしてたら

両手をグーにして、胸の前でぐるぐる回します。

❹
♪ ひよこになった

胸の前で両手のひとさし指と親指を、つけたり離したりします。

❶
[2番]
♪ ぴよぴよひよこが

胸の前で両手のひとさし指と親指を、つけたり離したりします。

❷
♪ おりこうで

左手のひとさし指と親指をつけ、パーにした右手でなでるようにします。

72

♪ **ころりん**

両手をグーにして、胸の前でぐるぐる回します。

♪ **ぴよぴよ**

胸の前で両手のひとさし指と親指を、つけたり離したりします。

♪ **ぴよぴよしてたら こけこになった**

2番の❶と同様にし、両手の4本の指をそろえて、親指とつけたり離したりします。

♪ **こけこっこ**

両手の4本の指をそろえて、親指とつけたり離したりします。

♪ **こけこがないたら**

両手の4本の指をそろえて、親指とつけたり離したりします。

♪ **よがあけた**

手を広げて上にあげ、手をひらひらさせながら下ろします。

73

音楽・リズム

子どもたちが大好きな歌

おべんとうばこのうた

0 **1** **2** 歳児

ねらい
- お弁当の中身を想像することを楽しむ
- 動きをまねするおもしろさを感じる

ことばかけ
みんなのお弁当はどのくらいの大きさかな？
大きい？ 小さい？ 何が入っているのかな？

❶

♪ これくらいの
　　おべんとばこに

胸の前で、両手のひとさし指で四角を2回描きます。

❷

♪ おにぎり
　　おにぎり

両手でおにぎりを握るしぐさをします。

❸

♪ ちょっとつめて

お弁当箱に、おにぎりを入れるしぐさをします。

❹

♪ きざみしょうがに

片手を上に向けてまな板に、もう一方を包丁に見立て、刻むしぐさをします。

❺

♪ ごましおふって

ごま塩を振るように、両手を下向きにパッパッと振ります。

❻

♪ にんじんさん

片手をチョキにして、もう一方の手は指を3本立てます。

♪ ごぼうさん

片手をパーにして、もう一方の手は指を3本立てます。

♪ あなの あいた れんこんさん

両手の親指とひとさし指で輪を作り、目に当てます。

♪ すじの とおった ふき

伸ばした片腕をもう一方の手で手首からひじまでなで、「ふ」で手のひらに息をふきかけ「き」でその手を前に出します。

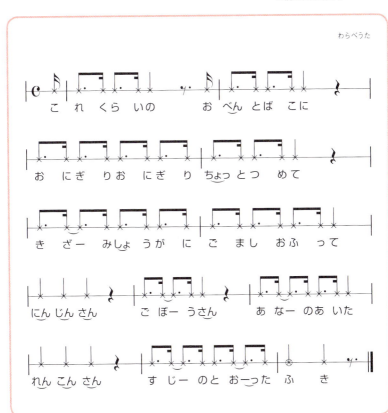

わらべうた

これくらいの おべんとばこに
おにぎりおにぎり ちょっとつめて
きざーみしょうがに ごましおふって
にんじんさん ごぼーうさん あなーのあいた
れんこんさん すじーのとおーった ふき

音楽・リズム

動物の歌で親しみやすい

パンダうさぎコアラ

0 **1** **2** 歳児

● 動物の特徴に興味を持つ
● 掛け合いを楽しむ

（動物のポーズをしながら）これは何かな？
お耳の長い動物は何でしょう？

---

❶

♪ おいでおいで
　おいでおいで

両手を出して、「おいでおいで」と手招きします。

❷

♪ パンダ

パンダの模様のように手で輪を作り、両目にそれぞれ当てます。

❸

♪ （パンダ）

❷と同じようにします。
（　）を掛け合いのようにしても楽しめます。

❹

♪ おいでおいで
　おいでおいで

両手を出して、「おいでおいで」と手招きします。

❺

♪ うさぎ

両手を頭の上でウサギの耳のように立てます。

❻

♪ （うさぎ）

❺と同じようにします。

76

♪ おいでおいで
　おいでおいで

両手を出して、「おいでおいで」と手招きします。

♪ コアラ

両手で木に抱きつくようなしぐさをします。

♪ （コアラ）

❽と同じようにします。

♪ パンダ

パンダの模様のように手で輪を作り、両目にそれぞれ当てます。

♪ うさぎ

両手を頭の上でウサギの耳のように立てます。

♪ コアラ

両手で木に抱きつくようなしぐさをします。

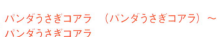

♪ パンダうさぎコアラ　（パンダうさぎコアラ）〜
　パンダうさぎコアラ

❿〜⓬を繰り返します。

77

音楽・リズム

数への興味につながる

はじまるよ はじまるよ

- なりきることを楽しむ
- 数を指で表現することを知る

 ことばかけ

「いち と いち」できるかな？ （できたら）じょうずだね！
こんどは「に と に」でやってみよう。

❶

🎵 1番 はじまるよったら はじまるよ
　　　 はじまるよったら はじまるよ

体の右側で3回、左側で3回手をたたき、もう一度繰り返します。

❷

🎵 いちといちで

両手のひとさし指を立てて、片方ずつ胸の前に出します。

❸

🎵 にんじゃさん

手をそのままの形で縦に重ね、上の手で下の手のひとさし指を握ります。

❹

🎵 「ドローン」

両手のひとさし指を立てたまま、体の横へ斜めに払います。

❶

🎵 2番 はじまるよったら はじまるよ
　　　 はじまるよったら はじまるよ

体の右側で3回、左側で3回手をたたき、もう一度繰り返します。

❷

🎵 にと にで

両手をチョキにして、片方ずつ胸の前に出します。

79

♪ **かにさんよ**

手をそのままの形で、左右に動かします。

♪ **「チョキーン」**

両手をチョキのまま、胸の前に出し、立てた指をつけたり離したりして、はさみで切るしぐさをします。

♪ **はじまるよったら はじまるよ　はじまるよったら はじまるよ**（3番）

体の右側で3回、左側で3回手をたたき、もう一度繰り返します。

♪ **さんと　さんで**

両手の3本の指を立てて、片方ずつ胸の前に出します。

♪ **ねこの　ひげ**

手をそのままの形で、ほおにつけます。

♪ **「ニャオーン」**

両手の3本の指を立てたまま、頭の上に上げて、ネコの耳のようにします。

♪ **はじまるよったら はじまるよ　はじまるよったら はじまるよ**（4番）

体の右側で3回、左側で3回手をたたき、もう一度繰り返します。

♪ **よんと　よんで**

両手の4本の指を立てて、片方ずつ胸の前に出します。

♪ **たこの　あし**

手をそのままの形で、下に向けます。

♪「ヒューン」

両手の4本の指を立てたまま、体の横へ斜めに払います。

5番
♪ はじまるよったら はじまるよ
　 はじまるよったら はじまるよ

体の右側で3回、左側で3回手をたたき、もう一度繰り返します。

♪ ごと　ごで

両手をパーにして、片方ずつ胸の前に出します。

♪ ては　おひざ

両手をひざの上に置きます。

音楽・リズム

手でいろいろな形を表現しよう

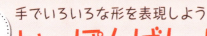
いっぽんばし にほんばし

 0 1 2 歳児

 ねらい
- まねっこあそびを楽しむ
- 想像力を養う

ことばかけ：（保育者が片方の手の指を立てて見せて）お手てをピンとできるかな？（子どもができたら）じょうず！

1番
♪ いっぽんばし
　いっぽんばし

両手のひとさし指を立てて、片方ずつ胸の前に出します。

❷
♪ おやまに
　なっちゃった

指先を合わせます。

2番
♪ にほんばし
　にほんばし

両手をチョキにして、片方ずつ胸の前に出します。

❷
♪ めがねに
　なっちゃった

両手はチョキのまま、両目の脇に当てます。

3番
♪ さんぼんばし
　さんぼんばし

両手の3本の指を立てて、片方ずつ胸の前に出します。

❷
♪ くらげに
　なっちゃった

手を下に向け、おなかの前で左右に揺らします。

4番

♪ よんほんばし
　よんほんばし

両手の4本の指を立てて、片方ずつ胸の前に出します。

♪ おひげに
　なっちゃった

指を立てたまま、ほおに手を当てます。

5番

♪ ごほんばし
　ごほんばし

両手をパーにして、片方ずつ胸の前に出します。

♪ ことりに
　なっちゃった

両手を鳥の羽のように、上下にひらひらさせます。

作詞／湯浅とんぼ　作曲／中川ひろたか

1. いっぽんばし　いっぽんばし　おやまになっちゃった
2. にほんばし　にほんばし　めがねになっちゃった
3. さんぼんばし　さんぼんばし　くらげになっちゃった
4. よんほんばし　よんほんばし　おひげになっちゃった
5. ごほんばし　ごほんばし　ことりになっちゃった

音楽・リズム

表情豊かに歌おう
やまごやいっけん

- 物語になっている歌詞を楽しむ
- ことばを体で表現する

 （歌の前に）ぴょんぴょん…こんにちは。私、ウサギのぴょんこ。森に（家の形を作って）このくらいの山小屋があったんだって。

❶

♪ やまごや いっけん
　ありました

両手の指先を合わせて、家の屋根の形を作ります。

❷

♪ まどから みている
　おじいさん

片手を額に当てて、遠くを見渡すしぐさをします。

❸

♪ かわいい うさぎが
　ぴょんぴょんぴょん

両手を頭の上で立て、前後に動かします。

❹

♪ こちらへ
　にげてきた

曲げた両腕を思い切り振って走るしぐさをします。

❺

♪ たすけて たすけて
　おじいさん

両手を握って体を縮め、怖がっているように震えるしぐさをします。

❻

♪ りょうしのてっぽう
　こわいんです

両手のひとさし指と親指で、てっぽうの形を作ります。

♪ さあさあ　はやく

片手で手招きをします。

♪ おはいんなさい

もう一方の手を差し出して、家に招き入れるしぐさをします。

♪ もう　だいじょうぶだよ

両手を交差させて胸の前で合わせ、体を左右に揺らします。

作詞　志摩 桂　アメリカ民謡

やま ごや いっ けん　あり まし た　まど から みて いる
おじ いさ ん　かわ いい うさ ぎが　ぴょん ぴょん ぴょん
こち らへ にげ てき た　たす けて たす けて おじ いさん
りょうしの てっ ぽう　こわ いん です　さあ さあ はや く
おは いん な さい　もう だい じょう ぶだ　よ

##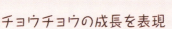

チョウチョウの成長を表現

- チョウチョウの成長に興味・関心を持つ
- 指を動かすことを楽しむ

ことばかけ
きのう、キャベツをお料理しようとしたらアオムシさんがいたの。チョウチョウの赤ちゃんは、何だか知っていますか？

❶

（1~6番）
♪ キャベツの なかから あおむし でたよ

両手をグーにして、リズムに合わせて、手首を外側、内側に回します。

❷

♪ ピッ！ ピッ！

親指を片手ずつ順に立てます。

❸

♪ とうさんあおむし

立てた両手の親指を、曲げたり伸ばしたりします。

❷❸

（2番）
♪ ピッ！ ピッ！ かあさんあおむし

❶は１番と同様にし、❷、❸の動作はひとさし指を立てて行います。

❷❸

（3番）
♪ ピッ！ ピッ！ にいさんあおむし

❶は１番と同様にし、❷、❸の動作は中指を立てて行います。

> 4番
>
> ♪ ピッ！　ピッ！　ねえさんあおむし

❶は1番と同様にし、❷、❸の動作は薬指を立てて行います。

> 5番
>
> ♪ ピッ！　ピッ！　あかちゃんあおむし

❶は1番と同様にし、❷、❸の動作は小指を立てて行います。

> 6番
>
> ♪ パッ！　パッ！

❶は1番と同様にし、❷の動作はパーで行います。

♪ ちょうちょになっちゃった

チョウチョに見立てて、両手のパーの親指を少し重ねてひらひらさせます。

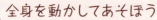

| 運動 | 全身を動かしてあそぼう |

お山を越えて

0 1 2 歳児

- 腕や足の力を育てる
- ふれあいを通して保育者に親しむ

先生たちのお山やトンネルがありますよー。
お山をよいしょ、よいしょって登ってみてね。

❶ 保育者の背中を越える
腹ばいになった保育者の上をはいはいで越えます。

❷ はいはいで移動する
次の保育者までの間をはいはいで進みます。

❸ 保育者の下をくぐる
保育者のおなかの下をはいはいでくぐります。コースのようにして繰り返しあそびましょう。

運動 手作りボールを活用
いろいろボール

 歳児

用意するもの
厚手の靴下／軍手／新聞紙／ビニールテープ／ガムテープ

- 転がしたり追いかけたりして動く
- いろいろな感触を楽しむ

ボールがいくよー！ コロコロコロ…。
（ボールを持ったら）ボールをくださいな。

靴下を巻く

軍手を合わせて巻く

新聞紙を丸めビニールテープなどで巻く

❶ ボールを用意する
靴下や軍手、新聞紙などでボールを用意します。

❷ ボールを受けたり追いかけたり
保育者がボールを転がします。子どもはボールを受けたり、追いかけて取りに行ったりします。

❸ ボールを転がす
ボールを手にしたら、こんどは子どもが保育者に向かって転がします。

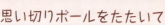

0 **1** **2** 歳児

運動

思い切りボールをたたいて
ビーチアタック！

用意するもの
空気口にゴムひもをつけたビーチボール

- 腕を大きく振る基礎につなげる
- 集中力や身体能力を高める

腕を大きく動かそうね。ボールがいっぱい飛んでいくよ。返ってくるボールに気をつけようね。

❶ 体を反らして構える

子どもはビーチボールの前に立ち、保育者が「行くよ、ビーチ…」と言ったら、腕を上げ体を反らして構えます。

❷ 思い切りたたく

保育者の「アタック！」のかけ声とともに、ビーチボールを思い切りたたきます。

❸ よけたり受けたり

はね返ってきたビーチボールに頭や顔が当たらないようによけたり、両手で受け止めたりしながら、何度もたたいてあそびましょう。

季節・自然

涼しい気分を演出する
水との鬼ごっこ

用意するもの
ホース

● 室内で涼しい気分を味わう
● 海の中という見立てを楽しむ

さあ、先生がお水をかけますよ。
今からお部屋は海の中になります。いいですか？

１ 窓の外から ホースで水をかける

窓やガラス戸をしっかり閉めて水が入らないか確認しておきます。「お部屋が海の中になるよ」と声をかけ、保育者が窓の外から中にいる子どもに向け、ホースで水をかけます。

２ 水の向きをかえる

ホースの向きをかえて水をかけます。子どもの表情やようすを見ながら水のかけ方を調整しましょう。

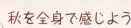

季節・自然	秋を全身で感じよう

落ち葉シャワー

0 **1** **2** 歳児

ねらい
- 秋の季節感を味わう
- 落ち葉の感触を楽しむ

ことばかけ
葉っぱの上を歩いてみようか、いい音がするね。
やわらかいね、フッカフカ。葉っぱの上は気持ちがいいね。

① 落ち葉の上を歩く

落ち葉が積もった上を子どもと歩きます。秋にちなんだ歌を歌いながら歩いてもよいでしょう。

② 落ち葉を降らせる

落ち葉をふんわり持ち上げて子どもの上から降らせます。子どもの反応を見ながら、少しずつ落ち葉に慣れるように配慮をしましょう。

③ 落ち葉で足を隠す

子どもが落ち葉に慣れてきたら、落ち葉をかけて子どもの足を隠しても楽しいです。

 運転手になりきって
車で出発！

用意するもの
輪投げやホースを丸くとめたものなどリング状のもの

- まねっこあそびを楽しむ
- 車に興味を持つ

きょうはどこに行こうかな？ シートベルトをして、エンジンをかけて…。ブルンブルン、出発！

❶ 保育者が運転手に

保育者はリングを持って「ブッブー」と言いながら回し、運転しているまねをします。

❷ 子どもが運転手に

こんどは子どもがリングを持って回しながら、運転しているまねをします。

❸ 保育者がお客さんに

保育者はお客さん役になり「海へ行きたいです」などと言い、子どもの後ろにつながります。

93

生活シーンを再現して
お風呂ごっこ

ごっこ・見立て

用意するもの
子どもが座れる大きさの段ボール箱

● 見立てることを楽しむ
● イメージを共有してあそぶ

お風呂に入る人、いますかー？　どうぞ入ってくださいな。
いいお湯ですか？　熱くないかな？

お湯をかけますよ
ジャー

1 段ボール箱に入る

お風呂に見立てた段ボール箱の中に子どもが入って座ります。

2 お風呂に見立てる

保育者はお湯をかけたり、お風呂の中をかき混ぜたりするまねをします。髪の毛や体を洗うまねも、あそびが盛り上がります。

みんなで洗濯物になりきって
お洗濯日和！

用意するもの
ロープ

● 体の揺れを楽しむ
● 友だちとあそぶ楽しさを体験する

きょうはお天気がいいから洗濯をしよう！
まずはロープを張って…どれどれ、この服を（子どもを）干そうか。

❶ 子どもは洗濯物の役

床に固定したロープを物干しざおに見立てて、子どもたちはうつぶせに寝転んでつかまり、洗濯物になります。

❷ 保育者は風の役

保育者は風になって、子どもたちの足を持ち、揺らします。足を持ち上げる高さや揺らすスピードをかえて楽しみましょう。

 クイズ 素早い動きを見逃すな！
何が飛んだかな？

用意するもの
飛ばすもの／机

ねらい
- 友だちとことばを出し合う
- 当てる喜びを味わう

 ことばかけ
今から先生が机と机の間にピュンッて飛ばすよ。
よーく見て、何が飛んだか当ててみてね。

1 机で目隠し
3〜5mくらい離して机をふたつ立てて、ふたりの保育者がそれぞれ机の裏側に入ります。

2 飛んだの何かな？
保育者のひとりが園内にあるいろいろなものを投げて、もう一方の保育者がそれをキャッチします。

3 飛んだものを答える
子どもたちは、保育者が投げたものを見て答えます。

第 3 章

さまざまな動きを経験する、手や指を細かく動かす、ごっこあそびをするなど、たっぷりあそびましょう。

進級の時期にぴったり
ふれあい おしゃべり人形

0 1 2 歳児

用意するもの
厚紙

ねらい
- 人形を通してふれあいを楽しむ
- 想像力を豊かにする

ことばかけ
ひなちゃん、おはよ！（人形を子どもの足に近づけて）
トコトコトコトコ…ピタッ。ここはお山かな。

❶ おしゃべり人形を作る

厚紙に動物や乗り物などの絵を描いて、切り取ります。足や車輪になる部分に指が入るくらいの穴を2か所開けます。

❷ おしゃべり人形で話しかける

おしゃべり人形の穴を開けた部分にひとさし指と中指を差し込み、子どもの手や足の上をトコトコ歩きながら話しかけます。

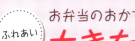

ふれあい　お弁当のおかずに見立てて
大きなお弁当

0　1　2　歳児

ねらい
- みんなであそぶ楽しさを味わう
- 友だちとイメージを共有する

ことばかけ
きょうは大きなお弁当箱を持ってきたの。
（大きな四角のラインを引いて）中には何を入れようかな。

❶ 子どもたちはジャンプ

四角の中に子どもたちが入り、まわりを保育者が『おべんとうばこのうた』を歌いながら歩きます。子どもたちは手を頭の上にのせてジャンプします。

❷ 保育者が食べるまねをする

歌い終わったら、保育者はひとりの子どもを卵焼きなどのお弁当のおかずに見立て、「食べてみよう、ムシャムシャ」と言いながら食べるまねをします。

❸ 食べられた子は外へ

食べられた子どもは外へ出て、保育者といっしょに四角のまわりを歩き、繰り返します。いろいろなおかずに見立ててあそびましょう。

ふれあい
だれが当たるかドキドキ！
おせんべ食べたいな

ねらい
- 保育者や友だちとのスキンシップを楽しむ
- 自分が当たるかどうかの緊張感を味わう

ことばかけ
みんな、お手てを出してくれる？
先生が今からおせんべいを焼くからね。

❶ 保育者が順番に手を触る

子どもは手のひらを下にして、両手を前に出します。「おせんべ食べたい…」と言いながら、保育者は並んだ手を順に触ります。

❷ 当たった手を裏返す

「…な」と言ったときに、当たった子の手を裏返します。隣の手からまた同じように繰り返して触っていきます。

❸ 両手を引っ込めたら勝ち

裏返した手に2回目に当たったら、せんべいが焼けたことになり、食べるまねをして引っ込めます。❶～❸を繰り返し、早く両手を引っ込められた子が勝ちです。

ふれあい

大勢であそぶと盛り上がる
あいさつでお友だち

ねらい
- 元気にあいさつをする
- 友だちとあそぶ楽しさを知る

 ことばかけ

だれかに肩をトントンされたらストップしてね。
元気にあいさつできるかな？　手を離さないようにね。

❶ 自由に歩き回る

好きな歌を歌いながら、自由に歩き回ります。

❷ 「こんにちは」のあいさつ

保育者が子どもの肩をたたき、立ち止まって「こんにちは」とあいさつをして手をつなぎます。

❸ 子ども主体であいさつ

子どもがひとりで歩いている子を探して肩をたたき、「こんにちは」とあいさつをして手をつなぎます。

❹ 「またね」でおしまい

❸を何度か繰り返し、保育者が「おうちに帰る時間ですよ」と合図します。みんなで「またね」と言い合って手を離します。

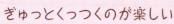

カラスのおうち
ぎゅっとくっつくのが楽しい
（ふれあい）　0　1　**2**歳児

ねらい
- 保育者とのスキンシップを楽しむ
- 集中力を養う

ことばかけ
みんなは、今からカラスになるよ。
大きな声で歌ってあそぼうね。みんなでぎゅっとなると楽しいよ。

❶ カラスのまねで動き回る

みんなで『七つの子』を歌いながら手を羽ばたかせ、カラスが飛ぶまねをして歩きます。

❷ おうちを見つける

保育者が「カラスのおうちはどこですか？」と聞きます。別の保育者が腕を大きく輪にして「ここですよ」と答えます。

❸ カラスはおうちに帰る

子どもたちは、カーカーと手を羽ばたかせながら、カラスのおうちへ行きます。保育者は、子どもたちを迎え入れ、抱きしめます。

❹ また外へ飛び出す

しばらくしたら、保育者が「いってらっしゃい」と言い、子どもたちを送り出します。子どもたちはおうちから飛んで行き、またあそびます。

0 1 **2** 歳児

ふれあい 輪になってあそぶ導入にも
ぐるぐるポーズ

ねらい
- 動きを楽しむ
- 友だちとのつながりを深める

ことばかけ
メリーゴーラウンドは、音楽が流れると動き出すよ。手が離れないようにしっかり握っててね。

その場で止まる

その場でしゃがむ

腕と足を大きく広げる

❶ 輪になって回る

輪になって手をつなぎ歌いながら回ります。メリーゴーラウンドなので『おうま』などウマにまつわる歌がおすすめ。

❷ 保育者がポーズを発表

歌の最後にきたら、保育者が「止まる」「座る」「開く」のどれかを言います。

❸ 言われたポーズをとる

子どもたちは、手をつないだままいっせいにその動作を行います。

103

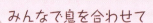

ふれあい みんなで息を合わせて
やってきた やってきた

０ １ **２** 歳児

ねらい
- リズム感を養う
- 歌を口ずさみながら動くのを楽しむ

ことばかけ 先生といっしょに歌いながらあそびましょう。
みんなで手をつないであそぼうね。

❶ 輪になって跳びはねる

全員で手をつなぎ、輪になります。『ひらいたひらいた』のメロディーで、跳びはねながら、「やってきたやってきた　いったいだれがやってきた　ウサギさんがやってきた」と歌います。

❷ 外側に開く

「やってきたとおもったら…」では、手をつないだまま外側に開いていきます。

❸ 寝るしぐさでおしまいに

「いつのまにか　ねちゃった」では、真ん中に全員集まり、寝るしぐさをします。最後を「すわっちゃった」などと歌詞をかえても楽しめます。

音楽・リズム

カレー作りを想像しながら
カレーライスのうた

1 2 歳児

ねらい
- 身近な食材に興味を持つ
- 料理をすることに関心を持つ

ことばかけ
カレーライス好きな人、手を上げて。みんな好きだよね！
カレーの中には、何が入っているかな？

❶

1番

♪ **にんじん**

両手をチョキにして、体の横で左右に揺らします。

❷

♪ **たまねぎ**

両手を合わせて輪にし、タマネギの形を作ります。

❸

♪ **じゃがいも**

両手をグーにして、体の横で左右に揺らします。

❹

♪ **ぶたにく**

右手のひとさし指で鼻を押さえます。

❺

♪ **おなべで**

両腕で大きな輪を作り、鍋に見立てます。

❻

♪ **いためて**

片手はそのままで、もう一方の手で鍋を混ぜるしぐさをします。

♪ ぐつぐつ
にましょう

両方の手のひらを上に向けて指を広げ、上下に揺らします。

2番

♪ おしお

両手で塩のビンを持って、下向きに振るしぐさをします。

♪ カレールー

両手で四角を作ってカレールーに見立てます。

♪ いれたら

鍋にルーを入れるしぐさをします。

♪ あじみて

片手のひとさし指を口に当てて、なめるしぐさをします。

♪ こしょうを
いれたら

両手でこしょうのビンを持って、下向きに振るしぐさをします。

♪ はい
できあがり

手を5回たたきます。

♪ 「どーぞ」

両方の手のひらを上に向けて、体の前に出し、「どうぞ」のしぐさをします。

3番

♪ ムシャムシャ
モグモグ

片手はお皿を持ち、もう一方の手はスプーンを持って食べるしぐさをします。

♪ **おみずも**

片手でコップを持つしぐさをします。

♪ **ゴクゴク**

コップで水を飲むしぐさをします。

♪ **そしたら**

片手をグーにして上に上げます。

♪ **ちからが**

もう一方の手もグーにして上に上げます。

♪ **もりもりわいてきた**

そのまま両方のひじを曲げたり、伸ばしたりします。

♪ **(ポーズ)**

ガッツポーズをします。

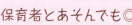
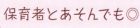

パンやさんにおかいもの

音楽・リズム / 保育者とあそんでも◎ / 0 1 2 歳児

ねらい
- 保育者や友だちとスキンシップをとる
- やりとりを演じることを楽しむ

ことばかけ
みんなはどんなパンが好き？
朝、パンを食べてきた人はいるかな？

❶

[1番]
♪ **パンパンパンやさんに おかいもの**

ふたりで向かい合ってパンやさんとお客さんになり、手を7回たたきます。

❷

♪ **サンドイッチに**

お客さんはパンやさんのほおを両手で挟みます。

❸

♪ **メロンパン**

お客さんはパンやさんの両目を「あかんべぇ」のように下げます。

❹

♪ **ねじりドーナツ**

お客さんはパンやさんの鼻をつまんでねじります。

❺

♪ **パンのみみ**

お客さんはパンやさんの両耳を引っ張ります。

❻

♪ **チョコパンふたつ**

お客さんはパンやさんの脇の下をくすぐります。

7

♪ くださいな

向かい合って手を2回たたき、「な」で両手を上に向けて差し出します。

1

♪ (2番) ホイホイたくさん まいどあり

向かい合って手を7回たたきます。

2～6

♪ サンドイッチに～

パンやさんはお客さんのほおを両手で挟みます。（以降もパンやさんがお客さんに）

7

♪ ハイ どうぞ

向かい合って手を2回たたき、「ぞ」で両手を上に向けて差し出します。

音楽・リズム

手の形から自由に発想しよう
グーチョキパーでなにつくろう

ねらい
- 形を見立てることを楽しむ
- 想像力を養う

ことばかけ

（グー、チョキ、パーを見せながら）これは何かな？
両方の手でできるかな？

---

❶

> 1番
> ♪ グーチョキパーで
> グーチョキパーで

歌詞に合わせ、両手を胸の前で順番にグー、チョキ、パーの形にします。

❷

♪ なにつくろう
なにつくろう

両手をパーにして左右に揺らします。

❸

♪ みぎてが　チョキで
ひだりても　チョキで

右手をチョキにし、続いて左手もチョキにします。

❹

♪ かにさん
かにさん

チョキにした両手を顔の横で左右に揺らします。

❶

> 2番
> ♪ グーチョキパーで
> グーチョキパーで

歌詞に合わせ、両手を胸の前で順番にグー、チョキ、パーの形にします。

❷

♪ なにつくろう
なにつくろう

両手をパーにして左右に揺らします。

🎵 **グーチョキパーで　グーチョキパーで** （3番）

歌詞に合わせ、両手を胸の前で順番にグー、チョキ、パーの形にします。

🎵 **みぎてが　パーで　ひだりても　パーで**

右手をパーにし、続いて左手もパーにします。

🎵 **ちょうちょ　ちょうちょ**

胸の前でパーにした両手の親指どうしをくっつけ、ひらひらと動かします。

🎵 **なにつくろう　なにつくろう**

両手をパーにして左右に揺らします。

🎵 **みぎてが　チョキで　ひだりてが　グーで**

右手をチョキにし、左手はグーにします。

🎵 **かたつむり　かたつむり**

チョキにした手の甲にグーの手をのせて、動かします。

作詞／不詳　フランス民謡

音楽・リズム

自己紹介の場面にぴったり
あなたのおなまえは

ねらい
- 保育者や友だちとのやりとりを楽しむ
- みんなの前で言うことで自信を持つ

ことばかけ
みんなのお名前を聞いてみようかな。
元気にお名前を言ってね。友だちがどんな名前か聞いててね。

❶

♪ **あなたのおなまえは**

保育者は両手を前に差し出すなどして、子どもに歌いかけます。

❷

♪ **「〇〇（です）」**

保育者がマイクを向けるしぐさをしたら、聞かれた子どもは名前を言います。

❸

♪ **あなたのおなまえは**

保育者は両手を前に差し出すなどして、別の子どもに歌いかけます。

❹

♪ **「〇〇（です）」**

保育者がマイクを向けるしぐさをしたら、聞かれた子どもは名前を言います。

112

❺

♪ **あなたのおなまえは「○○(です)」**

別の子どもで❶、❷を繰り返します。

❻

♪ **あら　すてきなおなまえね**

みんなで手拍子をします。

音楽・リズム

掛け合いを楽しもう

やおやのおみせ

ねらい
- 商店や売っているものに興味を持つ
- 考える力を育む

ことばかけ
みんなは、やおやさんに行ったことありますか？
やおやさんには何が売っているか知ってるかな？

---

❶

♪ **やおやの　おみせに
ならんだ**

手を8回たたきます。

❷

♪ **しなもの
みてごらん**

両手を目のまわりに当て、品物を見るしぐさをします。

❸

♪ **よくみてごらん**

片手のひとさし指を立てて、あれこれ品物を指さすしぐさをします。

❹

♪ **かんがえてごらん**

片手をあごに当てて考えるしぐさをします。

❺

♪ **「ニンジン」**

保育者がひとりの子を当て、やおやにある品物の名前を言います。

❻

♪ **「あるよ」**

当てられた子どもが「あるよ」と答えます。

❼

♪「さかな」

別の子を当て、保育者がやおやにない品物を言います。

❽

♪「ないよ」

当てられた子どもが「ないよ」と答えます。

❾

♪ ア〜ア〜

当てる子と品物の名前をかえ、❺〜❽を繰り返します。最後に両手をひらひらさせて下ろします。

音楽・リズム

動きに大小の変化をつけよう

いわしのひらき

0 1 **2** 歳児

ねらい
- 少し難しい動きに挑戦する
- 魚に興味を持つ

ことばかけ
「イワシ」っていう魚を知ってる？ こんなに小さな魚なんだよ。
（徐々に手を大きく広げて）イワシが大きくなっていくよ！

❶

[1番]

♪ いわしの

両手のひとさし指をそろえます。

❷

♪ ひらきが

両手を外側に向けて開きます。

❸

♪ しおふいて

両手をグーにして胸の前でくっつけます。

❹

♪ パッ

両手を開いて、勢いよく上げます。

❺

♪ ソレッ
ズンズンチャッチャ

左手を腰に当て、右手を左肩のほうに向けて波のように動かします。

❻

♪ ズンズンチャッチャ

右手を腰に当て、左手を右肩のほうに向けて波のように動かします。

♪ ズンズンチャッチャ

左手を腰に当て、右手を左肩のほうに向けて波のように動かします。

♪ ホッ

右手の手の甲を左のほおに当てます。

(2番)

♪ にしんの

両手のひとさし指と中指をそろえます。

♪ ひらきが

両手を外側に向けて開きます。

1番の❸〜❽よりも大きな動作で繰り返します。

♪ しおふいて　パッ
　　ソレッ
　　ズンズンチャッチャ
　　ズンズンチャッチャ
　　ズンズンチャッチャ
　　ホッ

(3番)

♪ さんまの

両手の3本の指をそろえます。

♪ ひらきが

両手を外側に向けて開きます。

2番の❸〜❽よりも大きな動作で繰り返します。

♪ しおふいて　パッ
　　ソレッ
　　ズンズンチャッチャ
　　ズンズンチャッチャ
　　ズンズンチャッチャ
　　ホッ

(4番)

♪ しゃけの

両手の4本の指をそろえます。

♪ ひらきが

両手を外側に向けて開きます。

3番の❸〜❽よりも大きな動作で繰り返します。

♪ しおふいて　パッ
　ソレッ
　ズンズンチャッチャ
　ズンズンチャッチャ
　ズンズンチャッチャ
　ホッ

(5番)

♪ くじらの ひらきが

両手をそろえて下に向けた後、外側に向けて開きます。

♪ しおふいて

両方の手のひらを下に向けて、腕を交差して体の前に伸ばします。

♪ パッ

両手を上に高く上げて、大きくバンザイをします。

1番の❺〜❽を4番の❺〜❽よりも大きな動作で行います。

♪ ソレッ
　ズンズンチャッチャ
　ズンズンチャッチャ
　ズンズンチャッチャ
　ホッ

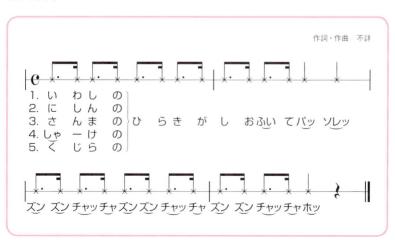

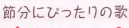

節分にぴったりの歌

おにのパンツ

音楽・リズム

0 1 **2** 歳児

ねらい
- 鬼に興味・関心を持つ
- 数やものを体で表現することを楽しむ

ことばかけ
鬼ってどんなパンツをはいていると思う？
トラの毛皮でできてるんだって！　はいてみたいね。

---

❶
♪ おにの
両手のひとさし指を、頭の上に立てます。

❷
♪ パン
手を1回たたきます。

❸
♪ ツは
片手をチョキにします。

❹
♪ いいパンツ
両手のひとさし指と親指で丸を作ります。❷・❸を繰り返します。

❺
♪ つよいぞ　つよいぞ
両腕でガッツポーズをしながら上下に揺らし、得意そうな顔をします。

❻
♪ トラの
両手を頭の上に当てて、トラの耳のようにします。

❼
♪ けがわで
　できている
両手を胸に当てて、爪を立てるようにして上下に動かします。

❽
♪ つよいぞ　つよいぞ
両腕でガッツポーズをしながら上下に揺らし、得意そうな顔をします。

❾
♪ ごねん
片手をパーにして、体の前に出します。

⑩

♪ はいても

パンツをはくしぐさをします。

⑪

♪ やぶれない

片手を顔の前で左右に振ります。

⑫

♪ つよいぞ　つよいぞ

両腕でガッツポーズをしながら上下に揺らし、得意そうな顔をします。

⑬

♪ じゅうねん

両手をパーにして、体の前に出します。

⑭

⑩〜⑫を
繰り返します。

♪ はいても　やぶれない
　つよいぞ　つよいぞ

⑮

♪ はこうはこう
　おにのパンツ

パンツをはくしぐさをします。❶〜❸を繰り返します。

⑯

⑮を
繰り返します。

♪ はこうはこう
　おにのパンツ

⑰

♪ あなたもわたしも
　あなたもわたしも

相手を指さした後、自分を指さし、それを繰り返します。

⑱

♪ みんなではこう

パンツをはくしぐさをします。

⑲

♪ おにのパンツ

❶〜❸を繰り返します。

⑳
⑮〜⑲を
繰り返します。

♪ はこうはこう〜
　おにのパンツ

風を体いっぱいで感じよう
シーツであそぼ

0 1 2 歳児

運動

用意するもの
大きな布

ねらい
- 風を体で感じる
- 体を動かす楽しさを味わう

ことばかけ
今から大きな布を揺らしてみるね。
ほら、風がそよそよ吹いてきたよ。

ふわふわ

みきちゃんのお魚、見つけた！

❶ 大きな布で風を起こす
保育者が大きな布の両端を持ち、子どもたちの上で上げ下げします。布から出てくる風に、子どもたちは大喜びです。

❷ 魚になってあそぶ
寝転がった子どもたちの上に布を下ろします。布を海や川に見立てて、魚になりきって潜ったり泳いだりします。

❸ 布から引っ張り出す
「みきちゃんのお魚、見つけた！」などと声をかけ、子どもたちを布の下から引っ張り出します。

長縄をヘビに見立てて

ニョロニョロヘビ

0 **1** **2** 歳児

用意するもの
長縄（縄跳びひもをつなげても可）／箱

- 足を開いて歩くことを楽しむ
- バランス感覚を育てる

ヘビさんってどのくらい長いのかな？
みんなで力を合わせてヘビさんを引っ張ってみよう。

① 縄を引っ張り出す

箱に入った長縄をヘビに見立てます。「よいしょ、よいしょ」と言いながらみんなで縄を引っ張り出します。出したら箱のほうへ戻ります。

② 縄をまたいで歩く

保育者の後ろに子どもたちが並び、縄をまたいで立ちます。「ヘビさんの頭を目ざして出発！」と保育者が言い、端から縄をまたいで歩きます。

③ 蛇行して進む

蛇行しているところは、「ぐるんとしているね」などと言いながら、縄の先端（ヘビの頭）まで歩きます。

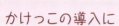

運動 かけっこの導入に

お星様と歩こう！

0 **1** **2** 歳児

用意するもの
新聞紙／キラキラテープ／色画用紙

ねらい
- 体を動かす心地よさを味わう
- 目標物に向かって歩く

ことばかけ
お星様といっしょに歩くよ。みんなついてきてね。
1、2、1、2。お星様にタッチできるかな？

① お星様について歩く

保育者は「お星様についてきてね」と声をかけ、「1、2、1、2」とかけ声をかけながら、子どもたちの5mくらい先を歩きます。

② タッチできるかな？

子どもが手を伸ばしてお星様に触ったら、「お星様にタッチできたね」と、ともに喜びます。

③ お星様といっしょに歩く

「またお星様が進むよ」と、星をひらひらさせながら歩きます。

運動 — 力加減を意識しよう
ボールのお散歩

用意するもの
新聞紙／ビニールテープ／カゴ／スズランテープ

ねらい
- 力を調整しながら歩く
- 達成感を味わう

ことばかけ
この輪っかの中にボールを入れて、ロープを引っ張ります。力を入れすぎるとボールが落ちちゃうよ。そっと運んでね。

① 新聞紙で輪とボールを作る
2枚重ねた新聞紙とスズランテープを使って輪を、新聞紙1枚とビニールテープを使ってボールを作ります。

② 輪を引いてボールを運ぶ
スズランテープをつけた輪の中にボールを1個入れ、ボールが出ないように引いて歩きます。

③ カゴの中にボールを入れる
カゴまでボールを運び、中にボールを入れます。みんなですべてのボールを運んだら、あそびは終了です。

運動 フープトンネルに挑戦！
トンネルくぐって

0 **1** **2** 歳児

用意するもの
フープで作ったトンネル

- バランス感覚を養う
- 保育者とのタッチで達成感を味わう

先生、トンネルを作ったよ。くぐってみようか。
トンネルでつまずかないように、ゆっくりくぐろうね。

❶ トンネルをくぐる

フープをひもでロープにくくりつけ、トンネルを作ります。子どもがかがんでフープのトンネルを歩いてくぐります。保育者は必ず隣に付き添いましょう。

❷ 最後にハイタッチ

全部のフープをくぐり終えたら、「タッチ！」と言って保育者と子どもがハイタッチします。

運動 のびのび体を動かす
マットであそぼ

用意するもの
マット（6〜7枚）／巧技台など

ねらい
● 全身を使った動きで十分に体を動かす
● 開放感を味わう

ことばかけ
マットのお山を登りに行こう！
登った後は、楽しくゴロゴロ下りてみようね。

❶ マットでコースを作る
マットを並べて、真ん中のマットの下に巧技台や丸めたマットを敷き入れ、山のように高さを出します。

❷ マットの上を進む
マットの上をはいはいで進み、山を登ったら、てっぺんで寝転んでゴロゴロと転がり下ります。

❸ マットにパンチ
下まで転がったら起き上がり、保育者が持つ丸めたマットにパンチをしたらゴールです。

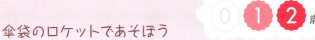

運動	傘袋のロケットであそぼう

飛んでけ ロケット

0 1 2 歳児

用意するもの 傘袋／色画用紙

- 力を加減して投げることを知る
- ビニールの音や感触を楽しむ

優しく投げても、いっぱい飛ぶよ。飛ばしたら、自分で取りに行こうね。(飛んだら) じょうずに飛ばせたね！

❶ それぞれ自由に飛ばす

傘袋に空気を入れて口をねじってテープでとめ、色画用紙の羽根をつけて傘袋ロケットを作ります。ひとりひとり、ロケットを自由に飛ばします。

❷ 高いところから飛ばす

じょうずに飛ばせるようになったら、少し高いところに登って、ひとりずつ飛ばします。その際保育者は投げる子のそばにつき、下にも保育者がつくようにします。

 運動

子どもが夢中で追いかける

玉入れ追いかけっこ

用意するもの
ポリ袋／広告紙を丸めた玉

 ねらい
- 動き回って開放感を味わう
- 十分に体を動かしてあそぶ

 ことばかけ

先生、玉入れに変身しちゃうよ。
たくさん入るから、いっぱい玉を持ってきてくれる？

1 玉入れスタート

保育者は、穴を開けたポリ袋に両足を通し、広げて持ちながら逃げます。子どもたちは保育者を追いかけながら、広告紙を丸めた玉を袋に入れます。

2 小さい子には入れやすく

保育者は「たくさん入れてほしいよー」などと言いながら、動き回ります。小さい子には入れやすくするため、立ち止まってかがんだりして袋を大きく広げましょう。

転がす距離を調整しながら

運動

ねらって 転がせ！

用意するもの
大きめのボール

- 目標に向かってボールを転がす
- ボールであそぶ楽しさを知る

あせらないで、しっかりねらって転がそうね。
（なかなか転がせない子には）「せーの」で転がしてみようか。

1 それぞれスタンバイ

ひとりの子どもがボールを持ち、構えます。奥には、ボールを受ける保育者と子どもが立ちます。間には保育者と子どもが足を開いて立ちます。

2 ボールを転がす

投げる役の子は、足の間をねらってボールを転がします。奥に立っている保育者か子どもがボールを受けます。足の間に投げられた子は、ほかの子と交代します。

0 1 **2** 歳児

 運動

体の部位を意識しよう

ぺったんこ ぺったんこ

ねらい
- 体の部位に興味を持つ
- 体を動かす楽しさを味わう

ことばかけ
先生が歌うのをやめて、「お手てとぺったんこ」って言ったらすぐ床にお手てをくっつけてね。

❶ 歌に合わせて動く

保育者がテンポのよい曲を歌っている間、子どもたちはリズムに合わせて歩いたり、走ったり、自由に動き回ります。

❷ 保育者が体の部位を言う

保育者は歌うのをやめて、「○○とぺったんこ」と子どもたちに言います。

❸ 体の部位を床にくっつける

子どもたちは、保育者が言った○○（体の部位）と床とをくっつけます。いろいろな部位で楽しみましょう。

思い切り破いてスッキリ
新聞紙をパンチ

運動　0　1　**2**歳児

用意するもの
穴を開けた新聞紙／エアーマットやふとんなど

ねらい
- 体で紙を破り、開放感を味わう
- 思い切り体を動かすことを楽しむ

ことばかけ
あれれ、この新聞には穴が開いているね。
この新聞目がけて、パンチしに来て！

1 的になる新聞紙を用意

新聞紙の真ん中に子どもの手が入るぐらいの穴（または十字の切り込み）を開けておき、両端を保育者がふたりで持ちます。着地する側にエアーマットやふとんなどを置いておきます。

2 新聞紙を目がけて走る

子どもは両手をグーにして、新聞紙の穴を目がけて走り、そのまま破ってエアーマットに着地します。あそび終わったら、新聞紙をビリビリに破き、まいて楽しみましょう。

ビーチボールを弾ませよう
ビーチボールの散歩

 運動

用意するもの
バンダナ／ビーチボール

- 友だちと協力してあそぶ
- ボールの動きを楽しむ

 ことばかけ

ボールくんといっしょにお散歩に出かけよう。
慌てなくていいからゆっくり歩こうね。

❶ 布の上にボールをのせみんなで運ぶ

バンダナの四隅を子どもと保育者で持ち、その上にビーチボールをのせます。みんなで協力して、ビーチボールが落ちないように運びながら周辺を歩きます。

❷ その場でジャンプ

ときどき立ち止まって、ビーチボールを小さくバウンドさせたり、大きくジャンプさせるなど弾ませてあそぶと楽しいです。

運動

いろいろな動きにチャレンジ
アスレチック

用意するもの
チケット／巧技台／ロープ／フラフープ

- いろいろな動きを楽しむ
- アスレチックに興味を持つ

今からアスレチックの場所に行きます。チケットを入り口で渡すと入れるから、落とさないようにね。

❶ コースを作る
保育者は巧技台、ロープ、フラフープなどいろいろな道具を使って、コースを用意します。

❷ チケットを渡してスタート
チケットを保育者に渡してスタートします。

❸ 順番にコースを回る
巧技台からジャンプしたり、ロープの上を落ちないように歩いたりします。フラフープの中に入り、持ったまま走ってゴールします。

何度も繰り返してあそぼう
ゲーム はらぺこクマさん

ねらい
- 保育者とのやりとりを楽しむ
- 体を動かす楽しさを知る

ことばかけ 先生がクマさんになるから、みんなついてきてくれる？「クマさん、おなかがすいてるかい？」って聞いてね。

❶「おなかがすいてるかい？」と唱えながら歩く

保育者がクマ役になり、先頭を歩きます。子どもたちはその後ろを「クマさん、おなかがすいてるかい？」と唱えながら歩きます。

❷「あーよかった」のやりとりを楽しんで

クマ（保育者）が「すいてないよ」と答えたら、みんなで「あーよかった」と言い、またクマについて歩きます。やりとりを数回繰り返します。

❸「すいてるよ」で追いかけっこ

❶のセリフの後に、クマは「すいてるよ」と大きめの声で言います。子どもたちは逃げ、クマが追いかけます。

❹ クマが子どもを捕まえてくすぐる

クマは、子どもひとりを捕まえて、食べるまねをしてくすぐります。

 ゲーム

天気に応じて動作をかえる

天気は、なーに？

0 1 **2** 歳児

 ねらい
- 友だちとあそぶことを楽しむ
- 天気に興味を持つ

 ことばかけ

あしたのお天気は何かな？　晴れるかな？
先生が「ジャージャーあめ」って言ったら、逃げてね。

❶ 手をつないで回る

みんなで手をつないで輪になり、「あしたの天気はなーに？」と言いながら回ります。

❷ 保育者が天気を発表

何回か回ったら、保育者が上を指さしながら「キラキラお日さま」「もくもくくもり」「ジャージャーあめ」のどれかひとつを言います。

両手を広げて体の横でひらひらさせます。

近くにいる友だちとくすぐり合います。

保育者が子どもたちを追いかけ、子どもたちは雨宿りできそうな場所（机の下など）に逃げ込みます。

❸ それぞれの天気の動作をする

保育者のことばに応じて、子どもたちはそれぞれの天気の動作をします。

歳児

 ストライクを目ざそう!
手作りボウリング

用意するもの
新聞紙／ビニールテープ／ペットボトル／画用紙／ペン／テープ

- ボールを転がすことを楽しむ
- 友だちといっしょにあそぶ

ボウリングって知ってるかな？
どうやって投げたらピンを倒せるかな？　練習してみよう。

1 ボールとピンを用意する

丸めた新聞紙にビニールテープを巻いて新聞紙ボールを作ります。子どもたちが好きな絵を描いた紙を保育者が切り取り、ペットボトルに貼ったらピンの完成です。

2 ピンを目がけて転がす

並べたピンに向かって、子どもたちが順番に新聞紙ボールを転がします。ピンをたくさん倒せた子の勝ちです。

137

製作 シールの貼り方に個性が出る
シール貼り

用意するもの
丸シール／折り紙（ペンで線を描く）

- シールを貼ることを楽しむ
- 色や配置を意識して貼る

みんながとっても好きな、シール貼りをします。
線が描いてある折り紙に、貼ってあそぼうね。

❶ 折り紙に線を描いておく

保育者は、いろいろな色の折り紙にペンで渦巻きや格子、しま模様などを描いておきます。目安の線があることで、配置を意識して貼りやすくなります。

↓

❷ シールを貼る

折り紙にいろいろな色の丸シールを自由に貼ります。丸シールはいろいろな色を用意しておくと、色を選ぶことも楽しめます。

0 **1** **2** 歳児

製作

手作り風船であそぼう
ふわふわバルーン

用意するもの
ポリ袋（大）／折り紙／広告紙／お花紙／テープ（保育者用）

 ねらい
- 手全体で紙を丸めたりちぎったりする
- 自分の作ったおもちゃであそぶ

ことばかけ
フワフワ軽くて浮かぶもの、わかるかな？
いろいろな色の紙がたくさん入った風船を作るよ！

1 袋に紙を入れる

ポリ袋の中に、丸めたりちぎったりした折り紙や広告紙、お花紙などを入れます。

2 空気を入れて閉じる

保育者が空気をたっぷり入れてから、袋の口を閉じます。袋の両側の角は、内側に折ってテープでとめます。

3 バルーンであそぶ

できたバルーンを、ボールのようにポンポンはねさせてあそびます。

139

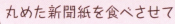

製作

丸めた新聞紙を食べさせて
はらぺこかいじゅう

0・1・2歳児

用意するもの
新聞紙（4分の1に切る）／段ボール／色画用紙／クレヨン

ねらい
- 新聞紙を丸めるのを楽しむ
- 箱に入れて体を動かしてあそぶ

ことばかけ
あれれ、かいじゅうがおなかをすかせているよ。
みんなでおまんじゅうを作って食べさせてあげよう！

❶ 新聞紙をクレヨンで塗る

新聞紙をクレヨンで塗って色（＝味）をつけます。

❷ おまんじゅうを作る

新聞紙を丸めてギュッと握って、おまんじゅうを作ります。

❸ かいじゅうに食べさせる

はらぺこかいじゅうの口に、「はい、どうぞ」と新聞紙のおまんじゅうを入れてあそびます。

製作

形からイメージを広げよう
積み上げブロック

 0 1 2 歳児

用意するもの
牛乳パック（1ℓ）／段ボール板（いろいろなサイズに切る）／ガムテープ（保育者用）

ねらい
- 友だちと協力して作る楽しさを知る
- 形の組み合わせをくふうする

ことばかけ
ブロックあそびが好きな子、手をあげて！
牛乳パックと段ボールでいろんな形を作ってみよう。

❶ 牛乳パックのブロックを作る

保育者が牛乳パックの口を閉じてガムテープで貼り、ブロックを作ります。

❷ 積み上げてあそぶ

牛乳パックのブロックと段ボール板を組み合わせて、積み上げたり横に並べたりしてあそびます。

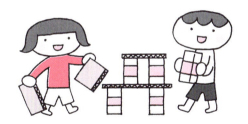

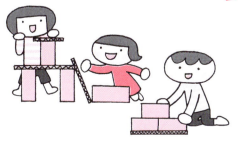

❸ 形を作ってあそぶ

同じように牛乳パックのブロックと段ボール板を使って、城やロボット、車など、形を作ってあそびます。

製作	いろいろな光る素材を入れて

キラキラボトル

0 1 **2** 歳児

用意するもの
ペットボトル（350㎖）／大きめのビーズ／アルミホイル（小さく切る）／スパンコール／ストロー（細かく切る）

ねらい
- 色や素材の組み合わせを楽しむ
- いろいろな見え方を観察する

ことばかけ
（作品を見せながら）中に入っているもの何かな？
みんなの好きなキラキラが、お水にいっぱい入るよ。

① ペットボトルに入れる

ペットボトルに、ビーズやスパンコール、丸めたアルミホイルやストローなどのキラキラ光るものを入れます。

② 水を注ぐ

ペットボトルに水を注いで、しっかりふたを閉めます。

③ 回したり振ったりしてあそぶ

ペットボトルをぐるぐる回したり振ったりして、中の水をかき混ぜ、キラキラするようすを楽しみます。

製作

どんなふうに見えるかな？
色のぞき

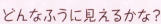 ０ １ **2** 歳児

用意するもの
プラカップ／カラーセロハン／テープ

 ねらい
- 色の組み合わせを楽しむ
- 透ける色の重なりや変化に興味を持つ

 ことばかけ
（カラーセロハンを見せながら）これ、何か知っているかな？
光に透かして見ると、きれいな色が見えるんだよ。

❶ カラーセロハンをプラカップに入れる

いろいろな色のカラーセロハンをくしゃくしゃにして、プラカップの中に入れます。

❷ プラカップを閉じる

2個のプラカップの口を合わせて、テープでしっかりと閉じます。

❸ プラカップをのぞく

プラカップを持って、光にかざしながらカラーセロハンのようすをのぞいて楽しみます。

143

| 製作 | 紙以外に描くのが楽しい！
透明素材に描こう

用意するもの
透明のポリ袋（大）／テープ／油性ペン

ねらい
- 開放感を感じながら、のびのびと描く
- 異素材に描く体験をする

ことばかけ
紙の代わりに、透明のポリ袋に絵を描くよ。
2枚重ねたら、あーら不思議。1枚の絵になっちゃった！

❶ ポリ袋を窓に貼って描く

保育者が大きな透明のポリ袋を切り広げて、テープで窓に貼ります。油性ペンで絵を描きます。

❷ 別のポリ袋を重ねる

❶と同じようにして絵を描いた別のポリ袋を上から重ねて貼ります。保育者は「カタツムリの上に雨が降ってきたよ」など、重なりを意識できるようなことばをかけましょう。

季節・自然

虫への興味の第一歩
ダンゴムシ探検隊

 0 1 2 歳児

ねらい
- 春の自然に親しむ
- ダンゴムシに興味・関心を持つ

ことばかけ
虫探検隊、出発しまーす！　きょうはダンゴムシを探します。ダンゴムシ、どんなところにいるのかな？

❶ ダンゴムシを探す

ダンゴムシを探しに行きます。枯れ葉や植木鉢の下など、暗くてじめじめした場所にいることが多いです。枯れ葉や植木鉢をそっとどけてみましょう。

❷ ダンゴムシを触る

ダンゴムシは毒を出したりかんだりしないので安全です。丸くなったようすを観察したり、背中をそっと触ったりします。あそんだ後は、ダンゴムシを見つけた場所に返しましょう。

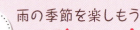

季節・自然

雨の季節を楽しもう
雨降りごっこ

0　1　2 歳児

用意するもの
ティッシュ箱やおもちゃなど

ねらい
- 体を動かして楽しむ
- 想像を膨らませてあそぶ

ことばかけ
きょうは雨が降ってるね。雨が好きなのはだれかな？
あれ、お部屋の中にも雨が降ってきたよ！

❶ 雨降りのふりをする

保育者が手を上げて「わ、雨が降ってきたよ」と雨が降っているふりをし、雨の好きな生きものになりきってあそびます。

❷ カタツムリごっこ

カタツムリのように腹ばいになり、床を蹴って移動します。背中にティッシュ箱やおもちゃをのせて落とさないように動くのもおもしろいです。

❸ カエルごっこ

カエルになってあそびます。腹ばいになって泳ぐまねをしたり、ジャンプで移動したりします。

季節・自然

手作りグッズで盛り上がる
水あそびグッズ

0 1 2 歳児

用意するもの
レジ袋／あき容器（ペットボトルや牛乳パックなど）／目打ち（保育者用）

 ねらい
- 水に親しみ、慣れる
- 水の心地よさを感じる

ことばかけ
この中に水を入れると、ほら、シャワーになったね。
次に、こっちの牛乳パックはどうかな？

❶ 水あそびグッズを作る

水に慣れて顔や頭に水がかかっても平気になるよう、水に親しめるグッズを用意しましょう。レジ袋やペットボトル、上を切り取った牛乳パックなどに目打ちで穴を開けます。

❷ プールであそぶ

水あそびグッズに水を入れてシャワーのように水を出してあそびます。プリンやマヨネーズなどの容器を使うのもおもしろいです。

散歩で拾って作ろう
秋の音マラカス

季節・自然

0 **1** **2** 歳児

用意するもの
ペットボトル（350ml）／乳酸飲料の容器／ビニールテープ

ねらい
- 自分で拾った自然物で楽器を作る
- リズム感を養う

ことばかけ

みんなで拾ってきた木の実をこの中に入れてください。振ると、どんな音が鳴るのかな？ 楽しみだね。

❶ 木の実を拾う

散歩でどんぐりなど、いろいろな木の実を拾ってきます。木の実から虫が出てくるのを防ぎたい場合には、冷凍したり煮込んだりします。

❷ 容器に木の実を入れる

小さめのペットボトルや乳酸飲料の容器に木の実を入れます。

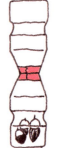

❸ テープでとめてマラカスにする

ペットボトルにふたをしてビニールテープでとめます。乳酸飲料の容器の飲み口どうしをくっつけ、ビニールテープを巻きます。

❹ マラカスを振る

マラカスを振り音を鳴らして楽しみます。どんな木の実のマラカスがよい音がするか比べてみるのもおもしろいです。

プールでなりきりあそび
ワニさんごっこ

0 1 **2**歳児

季節・自然

ねらい
- 水に親しみ、夏を感じる
- 見立てあそびを楽しむ

ことばかけ
きょうは、ワニの国へ出発しまーす！
ワニの国の朝のあいさつは「おはようワニ」だよ。

❶ 室内でワニのポーズを練習する

基本のワニのポーズは、腹ばいで足を伸ばし両手で上体を持ち上げた形。この姿勢で手の力で進みます。

❷ プールの中でワニごっこ

プールの底に手をつきワニになりきって水の中を動き回ります。ワニで歩くのに慣れたら足をバタバタさせても楽しめます。

洞くつだよー

❸ 保育者の足の間をくぐる

保育者の両足の間を洞くつに見立て、子どもがワニでくぐります。子どもに合わせて足の高さを調整しましょう。

お友だちのカバさんだよ

❹ 保育者のカバが大波を立てる

カバになった保育者がダイナミックな動きでプールに入ります。大波を立てると盛り上がります。

ごっこ・見立て

保育者はおばけになりきって
おばけごっこ

0 **1** **2** 歳児

用意するもの
ふろしきやスカーフなどの布

ねらい
- 想像を膨らませる
- 追いかけられることを楽しむ

ことばかけ
おや？　こんなところに大きな布があるよ。
ふわふわ…ひらひら…。おばけになっちゃった。

❶ 布に興味を持たせる

保育者は、布を子どもの前でひらひらさせます。

❷ 追いかけっこスタート

布を顔にかけておばけになり、子どもたちを追いかけます。夢中になりすぎて友だちとぶつからないように気をつけましょう。

❸ 布から出てくる

おばけに捕まったら、その場にしゃがみます。子どものようすを見ながら、適当なタイミングで布を外し、「おばけはもういないよ」と伝えます。

電車でゴー！

フープの電車で出かけよう

ごっこ・見立て

0 **1 2** 歳児

用意するもの
フープ（ペア数）

 ● 保育者とのふれあいで親しみを深める
● ごっこあそびで想像力を養う

フープの電車でお散歩するよ。
電車を落とさないようにしっかり握っていてね。

1 フープに入り出発する

保育者と子どもが1個のフープに入り、フープを子どもの腰の位置で持ちます。「出発しまーす」の合図で、保育者が前になって進みます。

2 ぐるっと回転する

「回りまーす」と子どもに声をかけ、フープを持ったままゆっくり回転します。

3 ほかの電車と連結

別の保育者と子どものフープの後ろから、保育者がフープを握って連結します。しばらく連なってあそび、離れます。

4 子どもが運転士に

子どもと保育者が前後を交代します。保育者が「次はどこに行きますか？」と声をかけ、子どもが行きたい方向に進みます。

大好きな動物のまねで
まねっこ一本橋

用意するもの
ロープ／ガムテープ／動物の絵本や写真

- 動物になりきることを楽しむ
- 体を元気よく動かす

ことばかけ
ここに、ほそーい橋があるよ。落っこちないように渡れるかな？
（絵本や写真を見せ）あれ？　向こうからウサギさんが来たよ。

❶ 一本橋を用意する
床にロープを置き、動かないようにガムテープで何か所かとめて、一本橋に見立てます。

❷ 動物のまねをして渡る
子どもたちは絵本や写真で見た、好きな動物のまねをしながらロープを渡っていきます。

❸ 保育者がサメになる
一本橋から落ちた子がいたら、保育者はサメになり「食べちゃうぞー！」と追いかけます。落ちた子も捕まらずにロープに戻れれば、ゴールできます。

みんなでイメージを共有して
大好き！ 遊園地

0・1・**2**歳児

ごっこ・見立て

- 友だちといっしょにごっこの世界を楽しむ
- 想像を膨らませる

ことばかけ
今から電車にのって遊園地に行くよ！
着いたらすごく速いジェットコースターにのろう。

① 電車にのって遊園地へ

遊園地に向かう電車にのっているつもりで、横1列に並び、小さな揺れから、立っていられないほどの大きな揺れまでまねしましょう。

② 遊園地に到着

遊園地に着いたら、保育者は入場口の受付係になります。子どもたちはチケットを渡すまねをします。

③ 絶叫マシーンにのろう

保育者が先頭になり、子どもたちは前の子の肩につかまります。ゆっくりスタートして、だんだんスピードアップ！ 自由に走り回りましょう。

ごっこ・見立て

洗濯ものをたためるかな？
洗濯ごっこ

用意するもの
支柱／ロープ／洗濯ばさみ／タオル／机

- 手、指先を使う
- 洗濯をイメージしてあそぶ

（もの干しコーナーで）タオルを引っ張ってね。
（たたむコーナーで）角と角をくっつけてたたもうね。

① コーナーを用意する
ロープに洗濯ばさみでタオルを下げた「もの干しコーナー」と机を置いた「たたむコーナー」を用意します。

② 洗濯ばさみからタオルを外す
保育者の合図でスタート。「もの干しコーナー」で洗濯ばさみからタオルを外し、タオルを持ったまま進みます。

③ タオルをたたみゴールへ
「たたむコーナー」では、机の上でタオルをたたんでその場に置き、ゴールへ向かいます。

イメージを膨らませよう
ネコになろう

ごっこ・見立て

- 動物に興味・関心を持つ
- 動物のまねを楽しむ

今からみんなでネコになってみよう。
ネコの朝のあいさつは「おはようニャー」だよ!

1 ネコになりきって散歩

保育者がリードしながら、子どもたちといっしょにネコになりきって園内を散歩します。あそびの間は、「ニャー」「ニャオン」などのネコ語で話すルールにすると楽しいです。

2 ネコの動きを思い描いて

走ったり、歩いたり、階段の上り下りをしたり、ネコをイメージして動き回ります。最後に、保育者(親ネコ)が子どもたち(子ネコ)の全身をなでて毛づくろいのまねをします。

155

 このマークが入っている作品の型紙です。
必要な大きさにコピーして、ご活用ください。

P.6 おいしい顔に変身！

リス1　　どんぐり　　リス2

ウサギ1　　ニンジン　　ウサギ2

P.7 お花畑パペット

花1

花2

花3

チョウ

花4

P.9 ヒヨコペッタン！

ヒヨコ1

ニワトリ

157

P.9 ヒヨコペッタン！

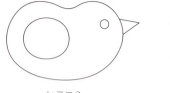
ヒヨコ2

ヒヨコ3

P.10 車のボタンはめ

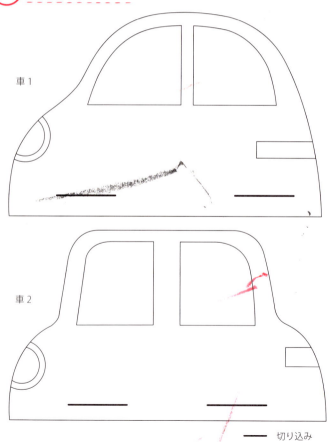

車1

車2

——— 切り込み

P.12 起き上がりこぼし

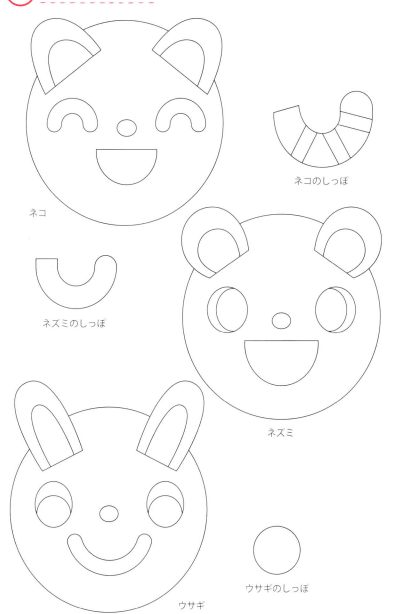

＜あそびプラン・原稿執筆＞　（50音順）

くまがいゆか（子どもの絵画教室講師、『U-CANの製作・造形なんでも大百科』著者）

高崎はるみ（あそび工房らいおんバス）

横山洋子（千葉経済大学短期大学部こども学科教授）

渡辺リカ（アトリエ自遊楽校）

＜おもちゃプラン・制作＞　（50音順）

おおしたいちこ（イラストレーター、クラフト作家）

北向邦子（フェルト手芸作家）

佐藤ゆみこ（イラストレーター、造形作家）

＜絵本セレクト＞

遠藤裕美（現役保育士・NPO法人 絵本で子育てセンター認定絵本講師）

※掲載絵本の情報は、2017年9月時点のものでなくなる可能性があります。なお、ご購入の際は書店等でお求めください。

カバーデザイン▶安楽 豊
カバーイラスト▶三角亜紀子
本文デザイン▶有限会社ハートウッドカンパニー
本文DTP▶有限会社ゼスト
本文イラスト▶浅羽ピピ、市川彰子、大森裕子、小林真理、シダイチコ、すみもととななみ、ナシエ、町田里美、三角亜紀子、みやれいこ
写真撮影▶林 均
楽譜浄書▶株式会社クラフトーン
編集協力▶株式会社スリーシーズン
企画編集▶池田朱実（株式会社ユーキャン）

正誤等の情報につきましては『生涯学習のユーキャン』ホームページ内、「法改正・追録情報」コーナーでご覧いただけます。
http://www.u-can.jp/book

U-CANの保育スマイルBOOKS
U-CANのあそびミニ百科　0.1.2歳児

2017年9月29日　初版　第1刷発行

編　者　　ユーキャン学び出版
　　　　　スマイル保育研究会

発行者　　品川泰一

発行所　　株式会社ユーキャン　学び出版
　　　　　〒169-0075
　　　　　東京都新宿区高田馬場1-30-4
　　　　　Tel.03-3200-0201

発売元　　株式会社自由国民社
　　　　　〒171-0033
　　　　　東京都豊島区高田3-10-11
　　　　　Tel.03-6233-0781（営業部）

印刷・製本　望月印刷株式会社

JASRAC　出 1709134-701

※落丁・乱丁その他不良の品がありましたらお取り替えいたします。お買い求めの書店か自由国民社営業部（Tel.03-6233-0781）へお申し出ください。

©U-CAN,Inc. 2017 Printed in Japan

本書の全部または一部を無断で写真複製（コピー）することは、著作権法上の例外を除き、禁じられています。